rowohlts monographien
begründet von Kurt Kusenberg
herausgegeben
von Klaus Schröter

# Sri Aurobindo

mit Selbstzeugnissen
und Bilddokumenten
dargestellt von
Otto Wolff

Rowohlt

Dieser Band wurde eigens für «rowohlts monographien» geschrieben
Den Anhang besorgte der Autor
Herausgeber: Kurt Kusenberg
Umschlagentwurf: Werner Rebhuhn
Vorderseite: Sri Aurobindo. Aufnahme aus den letzten Lebensjahren
(Sri Aurobindo International Centre of Education, Pondicherry)
Rückseite: Die «Mutter», aus Aurobindos Arbeitszimmer kommend
(Sri Aurobindo International Centre of Education, Pondicherry)

Veröffentlicht im Rowohlt Taschenbuch Verlag GmbH,
Reinbek bei Hamburg, Oktober 1967
Copyright © 1967 by Rowohlt Taschenbuch Verlag GmbH,
Reinbek bei Hamburg
Alle Rechte an dieser Ausgabe vorbehalten
Gesetzt aus der Linotype-Aldus-Buchschrift
und der Palatino (D. Stempel AG)
Gesamtherstellung Clausen & Bosse, Leck
Printed in Germany
980-ISBN 3 499 50121 x

36.–38. Tausend Mai 1988

# Inhalt

*In Pondicherry, 1920*

# EINLEITUNG

*Die Evolution, die wir in dieser Welt sehen, ist ein langsamer und schwieriger Prozeß und braucht ohne Zweifel gewöhnlich ganze Zeitalter, um bleibende Ergebnisse zu erzielen. Im Gegensatz dazu ist eine Evolution im Licht und nicht mehr in der Dunkelheit möglich, in der das evolvierende Wesen ein bewußter Teilhaber und Mitarbeiter ist. Und genau das ist es, was hier auf der Welt eintreten muß.*[1] * So erklärt Sri Aurobindo, Aravinda Ghosh oder Ghose mit bürgerlichem Namen, der erste epochemachende Nationalist Bengalens, der Schöpfer des *Integralen Yoga*, der *Entdecker des Überbewußten*, als der er in Indien gefeiert wird, der Philosoph und Meisteryogin von Pondicherry.

Das zitierte Wort ist zugleich eine glückliche Selbstcharakterisierung. Sri Aurobindo gehört in die Reihe jener modernen Denker, die sich nach Darwin und Nietzsche der Idee der Evolution verschrieben haben, jener Idee also, die seit dem Erscheinen der Werke Teilhard de Chardins wieder im Mittelpunkt der wissenschaftlichen Debatte steht. Eine Biographie Aurobindos macht darum mit einem Denker bekannt, der uns unmittelbar angeht. Aurobindo ist überzeugt, daß die gegenwärtige menschliche Bewußtseinsstruktur im wesentlichen überlebt ist. Die das Ende einer Evolutionsstufe anzeigende Erschöpfung ist der tiefere Grund der religiösen, kulturellen und sozialen Krisen, die ein verzweifelter Existentialismus vergeblich zu beschwören sucht. Das erfolgreiche Erklimmen der nächsten Evolutionsstufe ist nur möglich, wenn bisher nicht genutzte Möglichkeiten dem menschlichen Bewußtsein aufgetan, wenn neue Kategorien schöpferisch erschlossen werden. Erst mittels eines gewandelten, das heißt intensivierten Bewußtseins werden auch Religion, Kultur und Sozialprogramme wirklich zum Zuge kommen. Aber Aurobindo ist nicht nur kein spekulativer Philosoph, sondern vor allem ein Yogin, und das heißt ein im Blick auf seinen eigenen wesenhaften Selbstvollzug existentiell Tätiger. Darum unternimmt er es, in eigener Person voranzuschreiten und selbst ein Teilhaber und Mitarbeiter an der *Evolution im Licht* zu werden, um die allgemeine Evolution durch den Aufweis neuer Bewußtseinsmöglichkeiten zu beschleunigen. Denn was in seinem Yoga erreicht werden konnte, ist der Beweis, so meint er, daß es überhaupt getan werden kann, daß es sich also um eine prinzipielle Möglichkeit handelt. So will er dem erstrebten Fortschritt nicht nur mit Worten, sondern mit der Tat der Selbstverwirklichung dienen. Auf diesem Wege wendet er sich aber vornehmlich dem zu, was er das *Überbewußte* nennt. Haben vor allem S. Freud und C. G. Jung das Individuum tief im Urboden des Unbewußten verwurzelt und damit eine ungeahnte Erweiterung des Menschenbildes bewirkt, so will Aurobindo die Krone des menschlichen Lebensbaumes sich in die Sphären des Überbewußten hinein erheben

* Die hochgestellten Ziffern verweisen auf die Anmerkungen S. 143 f.

lassen, ohne den Beitrag Freuds und Jungs zu mißachten. Danach würde das Unbewußte eine «niedere», das Überbewußte eine «höhere» Ebene darstellen, denn es wendet sich den sublimeren Phänomenen Wert, Wesen, Persönlichkeit, Geist und «Über»-Geist zu. Andere werden vielleicht meinen, daß auch die westliche Tiefenpsychologie, namentlich in der Fassung C. G.  Jungs, jene Phänomene mitintendiere, daß Aurobindo sie mithin nur besonders akzentuiere und in besonderer Fülle und Vollständigkeit sichtbar mache. Wie diese Frage auch von der künftigen Forschung entschieden werden mag, wir im Westen folgen in der Auseinandersetzung mit Aurobindo sicher einer richtigen Marschroute, wenn wir ihn als einen Forscher sui generis ansehen, der einen Beitrag zu dem universellen und faszinierenden Problem der kategorialen Ausweitung des Menschenbildes zu leisten trachtet. Keineswegs einem nur-östlichen, sondern einem universellen Problem weiß Aurobindo sich als großer Universalist verpflichtet. Wohl ist seine Sprache von unserer wissenschaftlichen Ausdrucksweise sehr verschieden, was ständig bedacht sein will, aber seine Probleme sind zugleich die unserigen. Der Weg, den er beschreitet, weicht von den westlichen Erkenntniswegen erheblich ab. Es ist kein Weg rationaler wissenschaftlicher Reflexion, sondern existentieller Verwirklichung und Selbsterfahrung. Bernard Shaw hat einmal sarkastisch bemerkt, es sei vollkommen gleichgültig, auf welchem Wege man etwas erkenne, wenn es nur richtig sei. Sollte trotzdem jemand geneigt sein, Aurobindos Yoga-Weg von vornherein abzulehnen, so erinnert man sich besser an dieses Wort Aurobindos, dessen Wahrheitskern man nicht gut leugnen kann:

*Wenn jemand vor der Aufgabe steht, ein neues Bewußtsein zu erreichen, das den vernünftelnden Intellekt übersteigt: kann er das von jenen Grundorientierungen her tun, die der vernünftelnde Intellekt beurteilt und versteht? Wird, wer das tut, aus der Reichweite der vernünftelnden Intelligenz je herauskommen und in das hineingelangen, was jenseits ihrer liegt? Wie kann man, was jenseits des gewöhnlichen Bewußtseins liegt, beurteilen, wenn man selbst im gewöhnlichen Bewußtsein steckt? Ist es nicht so, daß du nur, indem du über dich hinausgehst, das fühlen, erfahren und beurteilen kannst, was über dich hinausgeht? Was ist ein Urteil wert, das nichts gefühlt und nichts erfahren hat?* [2]

*Das Geburtshaus in Kalkutta, Lower Circular Road 12*

## FRÜHE WEGE UND UMWEGE

Sri Aurobindo wurde am 15. August 1872 in Kalkutta als Sohn des
Dr. Krishna Dhan Ghose geboren. Mit neunzehn Jahren war der
Vater mit der zwölfjährigen Svarnalata Bose verheiratet worden. Die
Eheschließung wurde nach den Riten des Brahma Samaj vollzogen,
dem Krishna Dhan Ghose innerlich zuneigte. Der Brahma Samaj war
die erste neuere Reformbewegung des Hinduismus, 1828 von dem
Raja Ram Mohan Roy gegründet. «Der Vater des modernen Hinduismus» wird Ram Mohan Roy deswegen genannt, weil er es als erster
unternommen hat, den Hinduismus mit modernen, mit westlichen
und sogar christlichen Ideen zu konfrontieren. Statt an die vielen
«Götzen», wie er ohne Umschweife als Hindu sagte, wollte seine
Bewegung an den einen, wahren und unendlichen Gott glauben. Und
dieser neue Monotheismus sollte wahrhaft ethisch sein und so der
eigentliche Helfer werden, die alten Mißbräuche, vor allem den der
Witwenverbrennung, in einem großen inneren Reinigungsprozeß aus
dem Hinduismus auszutreiben. Diese neue Reformbewegung wollte
kein aufklärerischer Rationalismus sein, sondern Religion, und zwar
wahre und geläuterte Religion. Faktisch aber konnte der Brahma
Samaj es nicht verhindern, daß ihm aus dem Heer der Gebildeten,
die von den aus dem Westen einströmenden Ideen zunächst über-
wältigt und entwurzelt waren, mehr mit ihrem alten Glauben Zer-
fallene zuströmten, als ihm lieb war. Krishna Ghose war sicherlich
ein Renegat des Hinduismus. Aurobindo meint: *Man pflegt Vor-*

*Aurobindos erste Schule: Loretto Convent in Darjeeling*

*eltern eines großen Mannes ganz religiös, ganz fromm usw. dar-
zustellen. In meinem Falle stimmt das aber nicht. Mein Vater war
ein fürchterlicher Atheist.*[3] Die moderne westliche Bildung hatte
Krishna Ghose nicht nur den religiösen Traditionen seines Volkes
entfremdet, sondern ebenso seiner Kultur, seiner Sprache und seinem Lebensstil. 1869 ging er zur Abrundung seines medizinischen
Studiums (den Doktorgrad hatte er am Medical College in Kalkutta
erworben) für zwei Jahre nach England und kehrte als englischer
Gentleman heim. *Er war bei den ersten,* so erzählt Aurobindo, der
übrigens vielfach von sich selbst in der dritten Person spricht, *die
ihrer Ausbildung wegen nach England gingen.* Völlig anglisiert in
Gewohnheiten, Ideen und Idealen kehrte er zurück. *Das war so sehr
der Fall,* berichtet er von sich selbst, *daß Aurobindo als Kind nur
Englisch und Hindustani sprach und seine Muttersprache Bengali
erst nach seiner eigenen Rückkehr aus England erlernte. Er war fest
entschlossen, seinen Kindern eine völlig europäische Erziehung zu
geben.* Aurobindo war erst fünf Jahre alt, als er mit seinen beiden
älteren Brüdern Benoy Bhushan und Mono Mohan in den Bergort
Darjeeling in eine Internatsschule geschickt wurde, die damals eigentlich nur von Europäern besucht wurde. Hier wie später in England

begleiteten ihn *strenge Instruktionen,* die ihm verboten, *mit irgendeinem Inder nähere Bekanntschaft zu schließen oder sich indischen
Einflüssen auszusetzen. Diese Instruktionen,* fährt Aurobindo fort,
*wurden wortwörtlich ausgeführt.* So wuchs er, wie er bekennt, *in
völliger Unkenntnis Indiens und seines Volkes, seiner Religion und
Kultur auf.*[4] Freilich vermochte Dr. Ghose nicht zu ahnen, daß gerade dieser Sohn einer der ersten führenden Nationalısten und Revolutionäre Bengalens und einer der bedeutendsten Führer der hinduistischen Renaissance werden sollte. Jedenfalls mußte der junge
Aurobindo Indien erst für sich entdecken, und dafür ist sein Werk
*The Foundations of Indian Culture* das sprechendste Zeugnis. Auch
der aus England zurückkehrende Jawaharlal Nehru schrieb später sein
«Discovery of India» als ein Werk der Selbstfindung.

Selbstentfremdung, finanzielle Sorgen und Krankheit machten jedoch das Leben des Vaters sehr bald zu einer Tragödie, obwohl manche Zeugnisse von seinen beruflichen Erfolgen und auch von öffent-
licher Anerkennung sprechen. In Rangpur zum Beispiel, wo er lange
Dienstjahre verbrachte, wurde ein größeres Dränagewerk nach ihm
«K. D.-Kanal» genannt. Das Jahr 1879 führte ihn mit Frau und Kindern noch einmal nach England, aber schon bald darauf zerbrach
seine Ehe an der fortschreitenden geistigen Umnachtung seiner Frau.
Sowohl in Hinsicht auf sich selbst als auch im Hinblick auf seine
Praxis fand es der Vater bald untragbar, weiter mit seiner Frau zusammen zu leben, und richtete ihr anderenorts einen eigenen Haushalt ein. Aber diesen Belastungen und der inneren Spannung, die
ihn von allem Indischen sich fernhalten ließ, obgleich er im Grunde
mit dem aufkommenden indischen Nationalismus sympathisierte,
war Krishna Dhan Ghose auf die Dauer nicht gewachsen. Er verfiel
dem Trunk, um die Bitterkeit seines Lebens zu vergessen. Sein tra-
gisches Ende kam im Jahre 1893. Er erhielt die Nachricht, daß der
Dampfer, der seinen Sohn heimbringen sollte, gesunken sei und er-
litt, den Namen Aurobindos auf den Lippen, einen Herzschlag. Die
Nachricht war eine Falschmeldung. Aurobindo reiste auf einem anderen Dampfer und langte wenig später wohlbehalten in Bombay an.

Aurobindo selbst äußert sich verhältnismäßig wenig über seine
frühe Jugend. Mitteilsamer ist sein Bruder Mono Mohan. In einem
Briefe aus dem Jahre 1888 schreibt er: «Was für andere der lichte
Teil ihres Lebens ist, ihr Himmel und ihre Zuflucht, war für mich
bitter und hoffnungslos verdunkelt. Du wirst mich nicht verstehen,
wenn ich Dir nicht von dem einen besonderen Verhängnis meines
Lebens berichte. Es ist ebenso schmerzlich für mich, es zu berichten,
wie für Dich, es anzuhören. Meine Mutter ist geistesgestört. Beur-
teile selbst, wie furchtbar es ist, scheu um Liebe zu werben, aber
nichts als Haß, Verachtung und schließlich völlige Gefühlskälte zu
ernten. Ich schrie nach Brot, aber man gab mir einen Stein. Mein
Vater war freundlich, aber streng, überdies, ich sah nie viel von ihm.
Von Kindheit an hatte ich darum Anwandlungen von Düsterkeit
und Niedergeschlagenheit, die zunahmen, als ich älter wurde.»[5] Die-

*Dr. K. D. Ghose mit Familie, London, um 1879. Ganz rechts: Aurobindo*

se Äußerung Mono Mohans schildert den traurigen psychologischen Hintergrund des Elternhauses. Aurobindo selbst erzählt von einem bezeichnenden Traum, den er als Knabe in Darjeeling geträumt hat und an den man vielleicht in diesem Zusammenhang erinnern darf: *Ich legte mich nieder und sah, wie plötzlich große Dunkelheit auf mich zukam und mich und das gesamte Universum einhüllte.* Obwohl Aurobindo diesen Traum in einem ganz anderen Zusammenhang erwähnt, darf man darin wohl einen Reflex seiner frühen Jugendeindrücke sehen, was immer er sonst noch bedeuten mag.

Gleichwohl reden die Brüder respektvoll, ja bewundernd von ihrem Vater. Wir hören nicht einen Vorwurf wegen der finanziellen Schwierigkeiten, in die sie in England immer wieder gerieten. Sie sprechen vielmehr von seiner Hilfsbereitschaft, seiner großen Freigebigkeit ge-

*Die drei Brüder in London, um 1880. Links: Mono Mohan,
Mitte: Aurobindo, rechts: Benoy Bhushan*

*Das Haus der Pflegeeltern Drewett in Manchester, Shakespeare Street 84*

genüber den Armen, von seiner geachteten Stellung und «seiner fast übermenschlichen Ausdauer», allen Fehlschlägen zum Trotz. «Gründlich» sei der eigentümlichste Charakterzug des Vaters, berichtete Mono Mohan und fügt hinzu: «Er ist seltsam unsentimental, und ich bin sicher, er würde mich vivisezieren, wenn es nach seiner Meinung zu meinem Besten wäre ... Die Bewunderung macht mich stolz, wenn ich seine Selbstaufopferung und seine heroische Ausdauer sehe.»[6] Aurobindo gedenkt besonders der Paradoxie, daß ihn ausgerechnet sein Vater über das Erwachen des Nationalismus in Bengalen auf dem laufenden hielt, indem er ihm indische Zeitungen nach England schickte. Und wir hören sogar von Aurobindo: *In seinen Briefen sagte er sich von der englischen Regierung als einer herzlosen Regierung los.*[7] Wie seine Brüder, so muß auch Aurobindo von dem geradezu fanatischen Bestreben des Vaters beeindruckt gewesen sein, seinen Söhnen die bestmögliche Erziehung zu geben, mochte er sich auch damit mehr vorgenommen haben, als er durchführen konnte. Und gewiß entging es Aurobindo nicht, daß der Vater gerade auf ihn, seinen «Ara» (so lautete sein Kosename), die stolzesten Hoffnungen setzte. Zum Beispiel schrieb Dr. Ghose an seinen Schwager: «Aus den drei Söhnen, die ich zeugte, habe ich Riesen gemacht. Ara, so hoffe ich, wird seinem Lande neuen Ruhm erwerben. Ich werde nicht so lange leben, es zu sehen. Du aber erinnere Dich an diesen Brief, wenn Du es siehst.»[8]

Wenn es aber feststeht, daß die Beziehungen hinüber und herüber trotz allem ohne Bitterkeit und eher sogar von einer ehrerbietigen Herzlichkeit waren, dann dürfen wir nicht ohne weiteres annehmen, Aurobindo habe durch seine frühen Jugenderlebnisse ein Trauma bekommen, oder versuchen, die Wirkungen dieses Traumas zu analysieren. Vor allem deswegen nicht, weil er dem häuslichen Einfluß schon mit fünf Jahren entzogen war; erst nach seinem Weggang kam es zu dem Zusammenbruch seiner Familie. Im übrigen scheint sich die autonome Dynamik der eigenen Entwicklungstendenzen schon ganz früh, beim Knaben bereits, in einem erstaunlichen Maße durchgesetzt zu haben, so daß ihm äußere Umstände relativ wenig «anhaben» konnten. In Aurobindo war die gelebte Form, die lebend sich entwickeln wollte, so deutlich die eines introvertierten intuitiven Denktyps, um mit C. G. Jung zu sprechen, daß ihm alles Äußere immer nur Anlaß war, Material und formbare Substanz für das, was er selber seelisch und geistig daraus machen wollte. Ein solches Verhalten können wir von Jugend auf an ihm beobachten. Es kann darum durchaus richtig sein, wenn Aurobindo im Blick auf seine frühe erzwungene antiindische Epoche sagt: *Ich war darüber nicht unglücklich* und damit frühe Biographien korrigiert, die das Unglück in seiner Jugend dramatisieren möchten. Es ist ein folgerichtiges Bekenntnis, wenn der spätere Meisteryogin von Pondicherry zu bedenken gibt: *Weder du noch irgendein anderer weiß überhaupt irgend etwas von meinem Leben. Es liegt nicht an der Oberfläche, so daß es Menschen sehen können.* Entsprechendes sagt ein anderes charakteristisches Wort: *Allein ich selber kann von den Dingen meiner Vergangenheit sprechen und ihnen ihre wahre Bedeutung und Gestalt zuweisen.*[9] Solche Aussagen erinnern den Biographen Aurobindos immer wieder daran, daß gerade die Lebensgeschichte Aurobindos eine Biographie in Selbstzeugnissen sein muß.

*St. Paul's School in West Kensington, London*

Vorerst aber wird der kleine Inder, der kein Inder sein sollte, nach England geschickt. Dr. Ghose war mit Mr. Glazier, einem höheren Regierungsbeamten in Rangpur, befreundet, der ihm half, in England eine Unterkunft für seine Söhne zu finden, und zwar bei Glaziers Vetter, dem Kongregationalisten-Geistlichen William H. Drewett. Während seine Brüder schon eine öffentliche Schule besuchen konnten, wurde der siebenjährige Aurobindo von Rev. Drewett in Englisch, Latein und Griechisch und von Mrs. Drewett in Geschichte, Geographie, Arithmetik und Französisch unterrichtet. Daneben hören wir von literarischen Bemühungen. Er las die Bibel, Shakespeare, Shelley und Keats und versuchte sich auch in kleinen poetischen Schöpfungen, die zum Teil gedruckt worden sind. Aber schon nach zwei Jahren zog sich Rev. Drewett wegen einiger Differenzen mit seinem Kirchenkomitee von seinem geistlichen Amt zurück, um schließlich nach Australien auszuwandern. Auf dem Wege dorthin besuchte er Indien und holte sich das Pensionsgeld, das schon damals unregelmäßig eintraf, persönlich ab. Die Brüder siedelten unter der Obhut der «alten Mrs. Drewett», der Mutter von Rev. Drewett, nach London über. Aurobindo wurde in die St. Paul's School in West Kensington aufgenommen und blieb fünf Jahre ihr Schüler. Als Pädagoge mit einem tieferen persönlichen Interesse wird Dr. Walker, der «High Master» von St. Paul's, erwähnt, dem Aurobindo persönliche Förderung verdankt. Bald rückte der Knabe in die vorderste Front der Begabten auf, gewann Preise in Geschichte und Literatur und erwachte zu mancherlei Interessen. Doch hören wir Aurobindo selbst, der wiederum in der dritten Person von sich spricht. *In Manchester und St. Paul's widmete Aurobindo seine Aufmerksamkeit den klassischen Studien. Wenn er den Schulstoff absolviert hatte, verbrachte er seine freie Zeit bei allgemeiner Lektüre, besonders englischer Dichtung, Literatur und Romanen, französischer Literatur und der Geschichte des alten, mittelalterlichen und modernen Europa. Einige Zeit verbrachte er auch damit, Italienisch, etwas Deutsch und ein wenig Spanisch zu lernen. Viel Zeit verwendete er auf seine eigenen Dichtungen. Die Schulaufgaben kosteten ihn während dieser Periode nicht mehr viel Zeit, sie gingen ihm schon leicht von der Hand, und er glaubte nicht, daß er noch schwere Arbeit für sie leisten müsse. Gleichwohl konnte er im King's College (Cambridge) sämtliche Preise des Studienjahres für griechische und lateinische Verse gewinnen.*[10] So war Aurobindo gewiß ein guter Schüler und hätte sogar ein Musterschüler werden können, wenn ihn nicht seine Eigenwilligkeit vor diesem gefährlichen Rang bewahrt hätte. Die eigentlichen und innersten Interessen waren für ihn immer das Zentrale; alles andere wurde am Rande abgetan, wenn auch auf eine respektable Weise.

Deshalb möchte man kaum vermuten, daß gerade die Londoner Jahre bezüglich der äußeren Lebensumstände die trübsten, kümmerlichsten und entbehrungsreichsten waren, mochte Aurobindo auch äußeren Lebensumständen noch so wenig Bedeutung für seinen in-

*Aurobindo in Manchester, um 1883*

neren Fortschritt beimessen. Das Unglück begann mit einem Zerwürfnis mit der großmütterlichen Mrs. Drewett. Die alte Mrs. Drewett war eine glühende Missionarin, erzählt er. Sie setzte darum viel vergeblichen Eifer an die Bemühung, den Hindu und Atheisten Aurobindo zum Christentum zu bekehren. Mit Gebetsgemeinschaften, Erbauungsstunden und häuslichen Andachten wurden die Brüder so nachhaltig überfüttert, daß sich die jugendlichen Gemüter gegen den zudringlichen Eifer der guten alten Seele auflehnten. Diese Auflehnung war natürlich nicht im mindesten durchdacht, sondern eine abrupte psychologische Abwehrreaktion. Als gerade von Moses die Rede war, erklärte Mono Mohan, dem alten Moses sei vollkommen recht geschehen, daß sein Volk sich gegen ihn aufgelehnt habe. Das aber führte zum Bruch. Die zornige alte Dame meinte, «sie könne nicht mit einem Atheisten zusammen leben. Das Haus könne ja über ihr zusammenbrechen.»[11] Mono Mohan war freilich in *einer unverschämten Stimmung*, gibt Aurobindo zu, aber er kann nicht leugnen: *Uns fiel ein Stein vom Herzen, und ich war Dada* (Mono Mohan) *unendlich dankbar*. Aber damit war auch die mütterliche Hand aus ihrem Leben verschwunden, und da die Geldsendungen des Vaters immer unregelmäßiger kamen und schließlich ganz aussetzten, begann nun für die Brüder eine Zeit des Elends. Sie mußten oft die Quartiere wechseln. Sie lebten in kalten Räumen, und Aurobindo sah sich im strengen Londoner Winter vergeblich nach einem warmen Mantel um. Von regelmäßigen Mahlzeiten war nicht die Rede, und manche wurden überschlagen. Dieser Zustand hielt an, als Aurobindo das King's College in Cambridge bezog; er hatte von St. Paul's ein Stipendium von achtzig Pfund im Jahr bekommen. Wenn er in einem offiziellen Gesuch aus jener Zeit von einer *peinlichen Lage* der Brüder spricht, so ist das gewiß ein Euphemismus. An anderer Stelle sagt er unumwunden: *Es war eine Zeit schlimmsten Leidens und größter Armut*. G. M. Prothero, ein Tutor und Senior Fellow von King's College, gewann Interesse an Aurobindo und versuchte durch ein deutliches Wort an Dr. Ghose die unerträgliche Lage zu ändern. Darüber berichtet Prothero selbst in einem Empfehlungsschreiben an die Regierung: «Mehrfach habe ich für ihn an seinen Vater geschrieben, meistens aber ohne Erfolg. Erst kürzlich gelang es mir, gerade genug aus ihm herauszupressen, um einige Kaufleute zu bezahlen, die seinen Sohn sonst vor Gericht gebracht hätten. Ich bin ganz sicher, daß diese Geldschwierigkeiten nicht etwa in Ghoses Extravaganz ihren Grund haben. Seine gesamte Lebensweise, die einfach und sparsam bis zum äußersten ist, spricht dagegen.»[12] Was Prothero natürlich nicht wußte, ist dies: Der Vater reagierte mit einem recht ärgerlichen Brief an seinen Sohn und schalt ihn wegen seiner Verschwendungssucht. Später schreibt Aurobindo: *Dabei war überhaupt kein Geld da, mit dem man extravagant hätte sein können.*

Seine akademischen Studien betrieb Aurobindo mit regem Interesse und aufsehenerregendem Erfolg. Davon zeugen nicht nur die Preise und Stipendien, die er gewann, sondern auch die Urteile seiner Lehrer. Professor R. S. Lepper zum Beispiel spricht von ihm in einem Brief an den Maharaja von Baroda als «einem brillanten jungen Altphilologen», von seinem «noblen Charakter», verbunden mit «bescheidenem Auftreten», und setzt hinzu: «Alle mochten ihn gern.» «Der große O. B.», wie Aurobindo ihn nennt, Oscar Browning, ein berühmter Don von Cambridge, nennt ihn schlicht einen «großen Geist»[13]. Aber der Earl of Kimberley, Staatssekretär für Indien, sagt Ende 1892 in überraschendem Gegensatz zu allen anderen Stimmen, er könne im Falle Aurobindo «kein Mitleid» haben. Er wird endgültig als Kandidat für den indischen Staatsdienst disqualifiziert. «Im übrigen muß ich noch am Rand bemerken», schließt Kimberley sein Schreiben, «daß ich sehr zweifle, ob Mr. Ghose eine wünschenswerte Erwerbung für den Staatsdienst wäre.»[14] Warum diese kompromißlose allerhöchste Ungnade? Formell konnte sich der Staatssekretär darauf berufen, daß Aurobindo die Prüfung im Reiten nicht bestanden hatte. Zu den wiederholt für ihn angesetzten Terminen war er nicht erschienen. Aber alle Kandidaten des Civil Service mußten sich im Reiten prüfen lassen. Zwar hatte Aurobindo die schriftliche Prüfung zur Aufnahme in die Beamtenlaufbahn gut bestanden. Seine akademische Prüfung hatte er sogar mit «Sehr gut» bestanden, und zwar den ersten Teil des sogenannten «Classical Tripos», der ihm den Grad eines Bakkalaureus brachte. Warum wich er also der Prüfung im Reiten immer wieder aus? Sein Gönner J. S. Cotton, ein Bruder von Sir Henry Cotton, zeitweilig Governor von Bengalen, setzte sich bei der Behörde ein und meinte, er halte es für sehr gut möglich, daß dem jungen Ghose in seiner bedrängten Lage einfach das Fahrgeld fehlte, um zu dem für die Prüfung bestimmten Vorort zu kommen. Tatsächlich aber sah Aurobindo jener Prüfung mit sichtlichem Unbehagen entgegen. Ihm fehlte offenbar das Training; in der Schule wie im College hatte er an Leibesübungen wenig Gefallen gefunden. Was aber schwerer wog: alles in ihm widerstrebte der subalternen Monotonie einer Beamtenlaufbahn, die der Vater so sehr für ihn wünschte. Seine literarischen und schriftstellerischen Interessen, seine Abneigung gegen jeden nach dem Glockenschlag geregelten Formalismus, die Freizügigkeit seines Geistes, der sich nicht in starre Schemata wollte pressen lassen, und nicht zuletzt der nationale Anruf, den «Mutter Indien» bereits an ihn gerichtet hatte – alle diese Widerstände machten ihn für die Rolle eines Pflegers der Tradition so ungeeignet wie möglich. Aurobindo erzählt: *Ich unterzog mich der Aufnahmeprüfung für die Beamtenlaufbahn, weil mein Vater es wollte, und ich war zu jung, um die Tragweite dieses Schrittes zu verstehen. Später wurde mir deutlich, was das für eine Arbeit ist, und da verabscheute ich das Leben eines Verwaltungsmannes. – Teilweise war es meines Vaters Schuld, daß ich im Reiten versagte, denn er schickte mir kein Geld, und Reitstunden waren damals in Cambridge reichlich teuer. Der Lehrer war auch nachlässig. Auch als er noch Geld bekam, ließ er mich mit dem Pferd allein, und ich war auch nicht allzu eifrig. Für meinen Vater war es eine Enttäu-*

*schung. Durch Sir Henry Cotton hatte er mir bereits in jeder Beziehung den Weg geebnet. Man wollte mich im Arrah-Distrikt stationieren, der als ein besonders guter Platz gilt, und Sir Henry Cotton selber sollte ein Auge auf mich haben. – Alle diese Pläne brachen zusammen wie eine stürzende Mauer. Wie wäre es mir wohl ergangen, so frage ich mich selbst, wenn ich in die Beamtenlaufbahn eingetreten wäre? Man hätte mich wahrscheinlich wegen Faulheit hinausgeworfen.* Weil er auf so viele und auf so vieles Rücksicht nehmen mußte, ging er taktisch vor: *Er suchte einen Ausweg, um diesem Zwang zu entgehen. Durch gewisse Manöver erreichte er es, im Reiten durchzufallen, ohne aber selbst den Verzicht auf die Beamtenlaufbahn auszusprechen. Das hätte ihm seine Familie niemals erlaubt.*[15]

Lord Kimberley sah bei allem freilich nur eines, nämlich Aurobindos politische Unzuverlässigkeit vom Standpunkt des Vertreters einer imperialen Macht. Allerdings war Aurobindo in England kaum anfällig dafür, anglisiert zu werden wie sein Vater. «Für England selbst schien er wenig übrig zu haben», berichtet ein Mitstudent. Dieser hatte London das «moderne Athen» genannt, und Aurobindo hatte ihm entgegnet: *England ähnelt mehr Korinth, es ist ein Handelsstaat und zieht mich darum wenig an.* Viele bedeutende Inder haben in ähnlicher Weise bekannt, daß sie gerade in England zum wahren Inder∙ geworden sind. Die Versetzung in eine andere Umwelt wurde ihnen und sicherlich den Besten zum Anlaß, sich selber zu finden. Bezeichnenderweise begann Aurobindo in Cambridge seine Muttersprache Bengali und Sanskrit zu lernen. *Im Alter von elf Jahren hatte Aurobindo,* so sagt er selbst, *bereits einen starken Eindruck davon empfangen, daß eine Periode allgemeinen Aufbruchs und großer revolutionärer Umwälzungen über die Welt ging und daß er selbst die Bestimmung hatte, darin eine Rolle zu spielen. Seine Aufmerksamkeit richtete sich nun auf Indien, und alles, was er fühlte, konzentrierte sich bald auf die Idee der Befreiung seines Landes. Aber der entschlossene Wille dazu nahm erst nach weiteren vier Jahren feste Gestalt an. Dies war jedenfalls bereits geschehen, als er nach Cambridge ging. Als Mitglied und zeitweilig als Sekretär der «Indischen Majlis» in Cambridge hielt er viele revolutionäre Reden, die, wie er später erfuhr, mit dazu beitrugen, daß ihn die Vorgesetzten vom indischen Staatsdienst ausschlossen. Das Versagen im Reiten war nur der äußere Anlaß, denn in einigen anderen Fällen bekamen die Anwärter Gelegenheit, ihr Versagen in Indien wettzumachen.*[16] Die «Majlis» waren ein nationaler Studentenverband, und wie Angehörige eines Volkes, die sich im Ausland zusammenfinden, ihren Nationalismus oft besonders pflegen, so war es auch hier. Die Majlis waren sicher kaum eine Gefahr für das britische Imperium, aber immerhin kamen ihre Mitglieder auf die schwarzen Listen der Regierung. Auch daß Aurobindo zu einer anderen Gruppe junger Inder gehörte, die sich romantisch «Lotus und Dolch» nannte, war natürlich nicht unbekannt. Jedes Mitglied dieser

Gruppe, so hören wir von ihm, *verpflichtete sich feierlich, sich für das Werk der Befreiung Indiens einzusetzen und auch eine spezielle Aufgabe zu übernehmen, um dieses Ziel voranzutreiben.* Allerdings war diese Gründung mit ihrem furchterregenden Namen eine *Totgeburt*[17], so hören wir. Das alles aber genügte vollauf: Aurobindos «Manöver» waren ein willkommener Anlaß, ihn abzuweisen.

Anfang 1893 kehrte Aurobindo nach Indien zurück, das ihm als Land kaum noch in Erinnerung war. Es war für ihn ein regelrechter *Übergang von einer Kultur in die andere*, doch wäre es wieder eine unsachliche Dramatisierung, wenn man sagen wollte, er hätte nun befreit aufgeatmet. Zwar scheint Aurobindo einen negativen Schlußstrich unter seine Zeit in England zu ziehen, wenn er sagt: *Wenige Freundschaften wurden in England geschlossen, und keine war sehr persönlich. Die geistige Atmosphäre entsprach mir nicht.*[18] Tatsächlich aber war er tief angerührt von der großen englischen und westlichen Literatur, besonders der Dichtung, aber auch von der Philosophie und der Geschichtsschreibung. Seine Kritik richtet sich auf die unzulänglichen Repräsentanten, nicht aber summarisch auf den objektiven Geist, den lebendig darzustellen immer nur wenigen gelingt. Entsprechend kann er später über die Inder, wenn auch nicht über den Geist Indiens überhaupt, recht abfällige Worte sagen. *Was uns in Indien abgeht,* hören wir, *ist Charakter. Wir werden lange brauchen, ihn zu erlangen.*[19] *Was wir nötig haben, ist Disziplin und nationales Ehrgefühl.* Die gegenwärtigen Inder sind wenig tauglich, *diese Gefäße ertragen keine starke Kraft, sie sind zu schwach*[20]. Wenn insbesondere Europäer sich indischer Spiritualität zuwenden, *dann heißt das nicht, daß sie sich den Indern zuwenden, sondern es heißt, daß sie die angehäufte geistige Macht suchen, die es hier gibt.* Daß es sie aber in Indien tatsächlich gibt, ist ihm gewiß. *Das ist nicht etwas, worüber ich nachdenken muß, es ist eine Tatsache. Das haben wir die letzten fünftausend Jahre getan,* nämlich geistige Macht angehäuft, *und die gesamte Vergangenheit ist in einer seltsamen Weise lebendig, so daß die leichteste Berührung einen Menschen innerlich öffnen kann, wenn er nur irgend etwas in sich hat, das die notwendige Voraussetzung zu einem geistigen Leben bildet.*[21] – *Den europäischen Geist als solchen ziehe ich nicht herab.* Im Gegenteil, *ich hatte eine wirkliche innere Beziehung zum englischen und europäischen Denken und seiner Literatur.* Nie hat es im Werdegang Aurobindos eine so entschieden antiwestliche Periode gegeben wie etwa im Leben Mahatma Gandhis. Durchaus *vieles* fesselte ihn innerlich während seiner Zeit in England; aber er fügt bezeichnenderweise hinzu: *Am meisten war ich mit mir selbst beschäftigt.*[22]

Was der innige Kontakt mit dem Westen tatsächlich bewirkt hat, geht wohl am deutlichsten aus den Worten hervor, die er am 15. August 1949, dem zweiten Jahrestag der Unabhängigkeitserklärung Indiens und gleichzeitig sein Geburtstag, über den Rundfunk an die Weltöffentlichkeit richtete. Da heißt es: *Man hat mich gebeten, anläßlich des 15. August eine Botschaft an den Westen zu richten, aber*

*was ich zu sagen habe, das könnte man genauso eine Botschaft an
den Osten nennen. Es ist zur Gewohnheit geworden, sich über die
Kluft und den Unterschied zwischen diesen beiden Gruppen der
menschlichen Familie zu äußern und sie sogar in Gegensatz zuein-
ander zu bringen. Meiner Einstellung entspricht es jedoch mehr, von
Einheit und Gemeinsamkeit statt von Kluft und Verschiedenheit zu
sprechen. Osten und Westen haben dieselbe menschliche Natur, dasselbe Verlangen nach Vervollkommnung, dasselbe Suchen nach etwas, das höher ist als sie selbst, dem innerlich und sogar äußerlich
zuzustreben unser Wunsch ist. Einige Denker sind von der Tendenz
geleitet, sich über die Spiritualität oder den Mystizismus des Ostens
und den Materialismus des Westens zu äußern. Aber der Westen
kennt nicht weniger als der Osten sein geistiges Suchen und, wenn
auch nicht in einem so überreichen Maße, seine Heiligen und Weisen und Mystiker. Und der Osten hat andererseits seine materiali-
stischen Tendenzen, sein Glänzen im Materiellen, sein ähnliches
oder genauso vereinseitigendes Verhalten dem Leben, dem Stoff
und unserer Welt gegenüber. Osten und Westen sind sich immer
begegnet und haben sich mehr oder weniger miteinander eingelassen.
Sie haben sich gegenseitig stark beeinflußt und sind heute durch Natur und Schicksal zunehmend genötigt, es in noch höherem Maße zu
tun als je zuvor.*[23] Nicht zuletzt wegen dieser umfassenden und vor-
urteilsfreien Weltoffenheit ist Aurobindo zum größten Universali-
sten des modernen Indiens geworden. Dazu legten offenbar die bisweilen so harten anderthalb Jahrzehnte, die der junge Aurobindo im
Westen verbrachte, die Grundlage, und so waren sie nichts weniger als verlorene Jahre.

## BERUF UND EHE

Aurobindo spricht von den ersten Jahren in Indien als dem *Leben
vor Pondicherry* [24] und charakterisiert sie damit als eine Übergangs-
zeit; sie sollte auf verschlungenen Pfaden zu seinem eigentlichen
Werk führen, das mit dem Namen jener kleinen Stadt an der Ostkü-
ste Südindiens (damals war sie noch eine französische Kolonialen-
klave) so eng verbunden ist. Zunächst geriet er doch noch in die
Maschinerie der Verwaltung, der er so abhold war. Da er zum englischen Staatsdienst in Indien nicht zugelassen worden war, nahm
sein Freund James S. Cotton sofort Verhandlungen auf, um ihn in
der Verwaltung des Fürstentums Baroda unterzubringen. Der Maharaja von Baroda, Sir Sayaji Rao, war gerade in London, und Cotton
vermittelte ein Treffen zwischen ihm und Aurobindo. Das Ergebnis
war, daß Aurobindo in die Verwaltung des Fürstentums übernom-
men wurde. Warum ließ er sich dazu bewegen? Rückblickend sagt
Aurobindo: *Er hatte keine Erfahrung im praktischen Leben, darum
überließ er die Verhandlungen anderen.* Mehrmals nennt er sich, na-

mentlich im Hinblick auf die Zeit in England, sogar einen *Feigling*. Offenbar war es dem Introvertierten immer wieder schwer, den Kontakt zur äußeren Realität aufzunehmen und sich mit ihr auseinanderzusetzen. Fast komisch wirkt es jedenfalls, wenn wir Aurobindo im Settlement Department der Verwaltung von Baroda sehen, sodann im Stamps and Revenue Department, um ihn – nach dieser Erfahrung mit Briefmarken und Steuern – schließlich im Sekretariat zu finden, das sich mit ein- und ausgehender Post befaßt. Dann jedoch wurde er auf persönlichen Wunsch zum Professor für Englisch und englische Literatur am Baroda College ernannt. Er rückte schließlich sogar zum Vice-Principal dieser Hochschule auf. Sein oberster Gönner war der Maharaja von Baroda, mit dem es freilich später zu Spannungen kam. Der Maharaja scheint ihn für seine eigenen Zwecke weidlich ausgenutzt zu haben. Von der persönlichen Korrespondenz bis zum Studium der Eisenbahnverbindungen in Europa war Aurobindo der Sekretär für alles. Auf eine Reise nach Kaschmir nahm ihn der Maharaja als Privatsekretär mit, aber das Experiment wurde nicht wiederholt. Regelmäßig mußte Aurobindo in seiner Freizeit wichtige Staatspapiere entwerfen oder bearbeiten, vor allem aber die offiziellen Reden ausarbeiten, die der Maharaja zu halten hatte. Sicherlich entsprach Aurobindos ungenierter Freimut nicht recht der östlich servilen Ergebenheit, die ein indischer Maharaja von seinen Untergebenen erwartet oder da-

*Sayaji Rao, der Maharaja von Baroda*

*Baroda College*

mals erwartete. Einmal las Aurobindo eine Rede vor, die der Maharaja auf einem sozialen Kongreß halten sollte. «Können Sie, Arabind
Babu, es nicht ein bißchen abschwächen? Es ist zu gut, als daß es von
mir sein könnte», meinte der Maharaja. Aurobindo entgegnete: *Warum umsonst Änderungen anbringen? Meinen Sie, Maharaja, wenn
das Ganze etwas abgeschwächt wird, glaubten die Leute, es sei von
Ihnen? Gut oder schlecht, wie es auch sei, die Leute werden stets sagen, daß der Maharaja seine Reden immer von anderen geschrieben
bekommt.*[25] Aurobindos Dienst am Baroda College endete 1906, als
er als Principal an das National College in Kalkutta berufen wurde.
Zum Abschied gab ihm der Maharaja ein Zeugnis, in dem von guten
Fähigkeiten und Intelligenz die Rede war, aber auch von Unpünkt-
lichkeit und Unregelmäßigkeit. Mit einem seines eigenen Wertes
sich wohl bewußten Stolz erbost sich Aurobindo: *Wenn er gesagt
hätte: «Er war brillant und schnell und tüchtig in seiner Arbeit»,
dann stimmte es eher. Jene Beschreibung gibt ein inkorrektes Bild.*[26]
Erfreulich und befriedigend war seine akademische Tätigkeit. Indische Studenten sind heute noch gewohnt, den Stoff wörtlich niederzu-
schreiben oder diktiert zu bekommen und ihn dann Wort für Wort
auswendig zu lernen. Aber an diese Methode, die die Universität
faktisch zur höheren Schule degradiert, konnte sich Aurobindo nicht
gewöhnen, und er gedachte mit Bedauern des mehr auf selbständige

*Professor in Baroda*

Denkbemühung eingestellten akademischen Lehrbetriebes in England. Es konnte vorkommen, daß ihn Studenten ängstlich auf Ab-
weichungen vom Lehrbuch aufmerksam machten, wenn ihn der Fluß
des Vortrages mitriß. Und es konnte dann ebenso vorkommen, daß
Aurobindo recht ungehalten wurde. Aber wenn er auch selbst bekennt: *Ich war kein so gewissenhafter Professor wie Mono Mohan* [27],
sein Bruder, so beweist doch eine große Zahl von Zeugnissen, daß
er außerordentlich beliebt war. Hatte er von Dr. Walker in St. Paul's
gelernt, daß es auf persönliches Interesse ankommt? Er lud jedenfalls regelmäßig Studenten in sein Haus. Einer seiner Studenten
schreibt später: «Obwohl es mehr als fünfzig Jahre her ist, daß ich
ihn hörte, erinnere ich mich noch immer seiner Gestalt und des me-
tallischen Klanges seiner melodischen Stimme. Ohne ein Glied zu be-

25

wegen, stand er bewegungslos da, und von seinen Lippen floß die Rede mit einer natürlichen Leichtigkeit und einem harmonischen Klang, die alle Zuhörer in ihren Bann schlugen.» Derselbe ehemalige Student berichtet, Aurobindo habe ihn am Tage seines Scheidens in sein Haus gerufen und ihn persönlich ermahnt, immer *dem Spruch seines Gewissens* zu folgen und *gut und treu*, zu bleiben; er habe ihm eine Reihe von Büchern zum Abschied geschenkt. «Obwohl ich jetzt alt bin, gedenke ich jener Abschiedsszene noch immer mit bewegtem Herzen.» Aus derselben Quelle hören wir auch, daß Professor Aurobindo der beliebteste und gefeiertste Festredner des College war, dem man mit «hingerissener Aufmerksamkeit» lauschte. «Es war eine Gunst des Glückes, ihn zu hören.»[28] So kann man seine akademische Laufbahn glänzend nennen, obwohl Aurobindo sich seiner eigentlichen Begabung (und das heißt auch: seiner Grenzen) deutlich bewußt ist. Zu minuziöser Forscherarbeit, meint er, habe er nicht die rechte Neigung gehabt. *Mich um die winzig kleinen Details zu kümmern, das lag mir nicht. Ich studierte, und dann überließ ich es meinem Geist, zu tun, was er tun konnte. Darum hätte ich nie ein akademischer Forscher werden können.*[29]

In die Zeit von Baroda fällt auch seine Heirat. Im April 1901 heiratete Aurobindo Mrinalini Bose, Tochter des Bhupal Chandra Bose. Aurobindo war neunundzwanzig Jahre alt, die Braut vierzehn. Es gibt auch heute noch, man mag sich so modern gebärden, wie man will, von verschwindend wenigen Ausnahmen abgesehen, nur «arrangierte» oder «vermittelte» Heiraten. Freie Wahl der Partner ist auch heute noch eine Ausnahme. Eine solche Ausnahme ist überdies nicht immer ein Zeichen für Fortschritt, sondern öfter ein Zeichen für unstabile Familienverhältnisse; um wieviel mehr war das um 1900 der Fall. Girish Chandra Bose vermittelte die Heirat Aurobindos. Er zeigte Aurobindo verschiedene Bilder, und dieser wählte das Mädchen, dessen Bild ihm am besten gefiel. Heute ist es nicht anders. Da er in England gewesen war, hielt man einen «Reinigungsakt» für erforderlich. Dieser orthodoxen Forderung widersetzte sich Aurobindo, genau wie schon früher sein Vater. Ein vermittelnder Vorschlag ging dahin, er solle sich wenigstens das Haupthaar scheren lassen. Auch dies lehnte Aurobindo ab. Schließlich fand sich doch noch ein *willfähriger* Priester, der *aus geldlichen Rücksichten* mit allem einverstanden war und die Eheschließung nach hinduistischem Ritus vollzog. Man hat bemerkt, Mrinalini habe den Preis dafür zahlen müssen, daß sie ein Genie geheiratet hatte. Jedenfalls stand diese Ehe von vornherein unter dem Walten zweier Mächte, die ihrem Gelingen kaum günstig waren: der Politik und des Yoga. Die Politik nahm Aurobindos Zeit und Kraft auf Jahre in Anspruch, der Yoga am Ende für immer.

Es gibt eine Reihe von Briefen an seine Frau Mrinalini, in denen sich Aurobindo als der, der er damals ist, wohl am treffendsten charakterisiert, die aber auch die Spannung deutlich werden lassen, die seine politische Tätigkeit und sein religiöses Streben (die merkwürdi-

*Als Principal des National College in Kalkutta, 1906*

gerweise eng miteinander verflochten sind) heraufbeschwören mußten. Letztlich aber zeigen sie wieder den genialen Introvertierten, dem
die Gestaltung der eigenen inneren Geschichte und Ideen ein alles
bestimmendes Bedürfnis ist, was freilich die Problematik einer Ehe
kaum mindert. Er schreibt an Mrinalini im Jahre 1905: *Du hast wohl
bereits entdeckt, daß der, mit dessen Schicksal das Deine verbunden
ist, eine sehr seltsame Person ist. Die allgemeinen Anschauungen,
die sich im Gedanklichen erschöpfen, das allgemeine Lebensziel und
die Bereiche des praktischen Handelns, die heute für die Allgemeinheit der Menschen dieses Landes bezeichnend sind, entsprechen nicht
den meinen. Mit mir ist es in jeder Beziehung anders, ja ungewöhnlich. Du weißt vielleicht, mit welchem Namen die Allgemeinheit der
Menschen außerordentliche Ideen, ungewöhnliche Handlungen, das
Übliche überschreitende Aspirationen belegt. Als Verrücktheit geben
sie diese Dinge aus. Aber wenn der Verrückte dann mit seinem Handeln Erfolg hat, dann nennen sie ihn einen großen Mann oder einen
Mann von Genie, statt ihn weiter einen Wahnsinnigen zu heißen.
Auf meinem Feld der Tätigkeit ist unmittelbarer Erfolg jetzt schon
unmöglich, denn ich habe noch nicht wirklich zum Zuge kommen
können. Die Menschen werden mich darum sicherlich einen Verrückten nennen. Es ist ein sehr unglücklicher Umstand für eine Frau, mit
einem Verrückten verheiratet zu sein. Ein Verrückter kann seiner
Frau kein Glück bringen, er kann ihr nur Leiden bereiten. Es ist jedoch besser, sich mit seinem Schicksal auseinanderzusetzen. Aber was
für eine Auseinandersetzung wird das sein? Willst Du, unsicher gemacht durch die Meinung anderer, ihn auch als einen Verrückten
aufgeben? Der Verrückte wird ganz sicher den Pfad seiner Verrücktheit zu Ende gehen. Du wirst ihn nicht zurückhalten können, seine
Natur ist stärker als Deine. Willst Du also in der Ecke sitzen und
weinen, oder willst Du ihm auf seiner Bahn folgen und versuchen, die
verrückte Frau zu werden, die zu einem wahnsinnigen Ehemann
paßt, so wie die Königin jenes blinden Königs, die ihre Augen mit
einem Tuch bedeckte und sich dadurch selbst als blind ausgab? Das
Blut von Hinduahnen rinnt in Deinen Adern, ich habe darum keinen
Zweifel, daß Du den zweiten Weg wählst . . .
Ich habe drei Verrücktheiten. Zunächst ist es mein fester Glaube,
daß alle Tugend, alles Talent, höhere Erziehung, Wissen und Reichtum, die Gott mir gegeben haben mag, Gott gehören. Ich habe nur
das Recht, so viel auszugeben, wie für den Unterhalt der Familie gebraucht wird und absolut notwendig ist. Was übrig ist, muß Gott
zurückgegeben werden. Wenn ich alles für mich ausgebe, für persönliches Wohlergehen und meinen eigenen Genuß, bin ich ein Dieb.
Nach den Hindu-Shastras ist der ein Dieb, der von Gott Geld empfängt und es ihm nicht zurückgibt. Mein halbes Leben ist schon ver-
tan. Auch ein Tier fühlt sich zufrieden, wenn es sich und seine Familie versorgt. Es ist mir aufgegangen, daß ich in dieser ganzen Zeit
das Leben eines Tieres oder Diebes gelebt habe. Das habe ich erkannt,
und ich habe es bereut, und Abscheu gegen mich selbst hat mich er-*

*Aurobindo und Mrinalini Bose, Baroda 1901*

*Aurobindos Wohnhaus in Baroda*

griffen. *Dieses sündige Verhalten lasse ich für immer zurück. Die zu beschützen, die von dir abhängig sind, das ist gewiß ein großes und rechtes Verhalten. In diesen harten Zeiten steht aber das ganze Land wie ein abhängiger Verwandter vor unserer Tür. Ihm muß geholfen werden. Wenn Du dem zustimmst und mein Prinzip des Opfers zu dem Deinen machst, ist das die Krönung meines Entschlusses. Du hast Dich beklagt, Du hättest keinen inneren Fortschritt gemacht. Dies ist der Weg zum persönlichen Fortschritt, ich zeige ihn Dir. Willst Du diesen Pfad beschreiten?*

Ob Mrinalini nicht überfordert war? Aurobindo schreibt in demselben Brief: *Das ist ein Fehler Deiner Natur, Du bist zu einfach und hörst darum auf jedermann und was er sagt.* Und jedermann, das sind natürlich und vor allem die nächsten Familienangehörigen. Wenn man aber nicht eine falsche Härte in Aurobindos Worte hineinlesen will, muß man sich den hinduistischen Hintergrund vor Augen halten, dem Aufopferung für Gott und an Gott eine zentrale Forderung ist; ihr sichtbarster und elementarster Ausdruck war jederzeit die Aufopferung für die Bedürftigen, und dadurch erhält das Almosen den Charakter einer heiligen Handlung; nicht nur dem Armen, sondern Gott wird es gegeben. Vor diesem Hintergrund haben neu entstehende soziale Ideen natürlich jeweils zugleich religiösen Charakter. Gleichwohl spricht Aurobindo eigentlich mehr als Guru denn als Ehemann, und er fährt fort: *Die zweite Torheit hat mich kürzlich befallen. Sie besteht darin: Auf welche Weise auch immer, ich muß zur direkten Erfahrung Gottes kommen. Wenn Gott ist, dann muß es einen Weg geben, seine Existenz zu erfahren, seine Gegenwart zu realisieren. Der Hindu Dharma versichert, der Weg dazu* müsse im eigenen Selbst gefunden werden. Die Regel, die uns instand setzt, diesen Weg zu gehen, ist auch mir gegeben. Ich habe begonnen, alle diese Regeln zu befolgen, und innerhalb eines Monats habe ich mich vergewissern können, daß die Worte des Hindu Dharma nicht falsch sind. Ich habe die Erfahrung all der Zeichen, von denen er spricht. Auf diesem Weg möchte ich Dich mitnehmen.

Meine dritte Torheit ist die: Während andere unser Land als ein lebloses Objekt betrachten, um es nur als die Ebenen, Felder, Wälder, Berge und Flüsse zu kennen, sehe ich mein Land als «die Mutter» an. Als die Mutter bete ich es an und verehre ich es. Was würde ein Sohn wohl tun, wenn ein Dämon auf der Brust der Mutter säße und ihr Blut tränke? Würde er nicht laufen, seine Mutter zu befreien? Ich weiß, ich habe die Kraft, diese gefallene Rasse aufzurichten. Ich will nicht mit Schwertern und Kanonen kämpfen, es gibt auch die Kräfte Brahmans, die sich auf Wissen gründen. Dieses Gefühl ist nicht neu in mir, damit bin ich geboren, es ist in meinem Mark und Bein. Gott hat mich auf die Erde geschickt, diese große Mission zu erfüllen. Mit vierzehn Jahren ging der Same auf, mit achtzehn hatte er feste Wurzeln gefaßt. Und nun frage ich Dich, was willst Du dabei tun? Die Frau ist die Shakti, die Kraft und die Macht des Mannes, das heißt, der Mann widerspiegelt sich in der Frau. Das Echo seiner eigenen hohen Hoffnungen findet er in ihr, und das verdop-

*Ein anderes Haus in Baroda, das Aurobindo bewohnte*

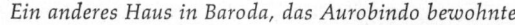

pelt seine Kraft. *Willst Du uninteressiert bleiben und die Kraft Deines Mannes mindern? Vielleicht antwortest Du: Was vermag eine einfache Frau wie ich bei all diesen großen Dingen zu tun? Ich fürchte mich, wenn ich nur daran denke. Dafür gibt es eine einfache Lösung: Nimm Zuflucht zu Gott. Furcht verliert schrittweise der, der sich zu Gott flüchtet. Und wenn Du an mich glaubst und auf meine Worte hörst, statt auf die Worte anderer, dann kann ich Dir auch von meiner Kraft abgeben. Willst Du denn immer so bleiben und nur denken: Ich möchte feine Kleider anziehen, gut essen, lachen, tanzen und mich an allen möglichen Vergnügungen erfreuen? Einen solchen Geisteszustand kann man nicht Fortschritt nennen. Das Leben der Frauen in unserem Land hat heutzutage eine enge und wenig wünschenswerte Gestalt. Laß doch all jene Dinge und geh mit mir zusammen! Wir sind auf die Welt gekommen, Gottes Werke zu tun. Laß uns damit beginnen.*

In einem zwei Jahre später geschriebenen Brief heißt es dann: *Meine geistige Verfassung hat sich völlig gewandelt. Mehr als das möchte ich in diesem Brief nicht sagen. Komm hierher, dann will ich Dir sagen, was ich zu sagen habe. Die einzige Aussage, die ich jetzt machen kann, ist die, daß ich nicht mehr mein eigener Herr bin. Ich werde wie eine Puppe einhergehen müssen, dahin, wohin Gott mich führt. Diese Worte zu verstehen, wird Dir jetzt schwerfallen. Aber ich muß Dir davon Mitteilung machen, meine Handlungsweise könnte Dir sonst ein Anlaß zu Klagen und Leiden werden. Du könntest denken, daß ich Dich vernachlässige und nur an meine eigene Arbeit denke. Denke das nicht. Ich bin bisher vieler Sünden gegen Dich schuldig, und es ist nur natürlich, daß Du deswegen unzufrieden bist. Aber freier werde ich von nun an nie. Wenn Du meine Frau sein und an meinem Dharma teilnehmen willst, dann mußt Du das ganz intensiv versuchen, damit Dir Gott den Pfad seiner Gnade zeigt, weil er die Kraft Deines konzentrierten Willens sieht. Zeige diesen Brief niemandem. Was ich geschrieben habe, muß völlig verborgen bleiben. Zu keinem sonst habe ich darüber gesprochen.*

Und auch die andere Äußerung in einem Brief des gleichen Jahres 1907 ist eine deutliche Selbstcharakterisierung: *Ich weiß, es ist hart für Dich, allein in Deogarh zu leben, aber wenn Du Deinen Geist festigst und Glauben hast, dann werden Dich leidvolle Gefühle nicht überwältigen können. Dieses Leiden ist Dein unvermeidliches Schicksal, da Du mich geheiratet hast. Perioden der Trennung sind unvermeidlich, denn (darin unterscheide ich mich von den durchschnittlichen Bengalen) ich kann das Glück der Verwandten und der Familie nicht zum Hauptzweck meines Lebens machen. Unter diesen Umständen gilt: Was mein Dharma ist, ist auch Dein Dharma. Und wenn Du im Glück nicht in dem Erfolg meiner Mission siehst, dann gibt es keinen Ausweg.*[30]

Zu einer natürlichen Erfüllung ist es in dieser Ehe nicht gekommen, und das war beinahe zu erwarten. Die beiden Partner sahen sich auch viel zu wenig. Mrinalini lebte zumeist bei ihren Verwandten in

Kalkutta. Die Zeiten der Trennung wurden desto länger, je mehr die Politik Aurobindo in Anspruch nahm; später wurde er verhaftet, mußte befürchten, noch einmal verhaftet zu werden, und ging darum nach Chandernagore und schließlich für immer nach Pondicherry. Auch seine Shakti ist Mrinalini nicht geworden. Zwar scheint sie den Versuch gemacht zu haben, Aurobindo tatsächlich auf seinem Wege zu folgen. Wir erfahren von einer förmlichen Initiation in den Yoga durch einen Guru. Aurobindo bemerkt dazu: *Ich hörte davon eine ganze Zeit später in Pondicherry. Ich freute mich zu hören, daß sie eine so große religiöse Zuflucht gefunden hatte. Aber ich hatte keinen Teil daran, das zuwege zu bringen.*[31] Aurobindo soll dann seine Einwilligung zu ihrer Übersiedlung nach Pondicherry gegeben haben. Aber zur Verwirklichung solcher Pläne kam es nicht mehr. Mrinalini starb plötzlich im Jahre 1918 in Kalkutta einen frühen Tod. Seine Shakti auf einer höheren Ebene wurde eine ganz andere Frau, nämlich jene in Religionsgeschichte und im östlichen Okkultismus hochgebildete, in der religiösen Disziplin ungewöhnlich fortgeschrittene Frau, die dann Jahrzehnte lang dem Ashram in Pondicherry als «die Mutter» vorstand und noch vorsteht, um dieser geistlichen Siedlung Aurobindos ihr eigentliches Gesicht zu geben. Von ihr wird noch ausführlicher zu sprechen sein.

Aber wie charakterisieren jene Briefe Aurobindo selbst auf der damaligen Stufe seiner Entwicklung? Werben um Verständnis spricht aus ihnen, das Werben eines Mannes, der seinen Weg wohl kennt, sich seiner aber im Konkreten noch keineswegs gewiß ist. Selbstaussprache bekundet sich einem Menschen gegenüber, von dem Aurobindo möchte, daß er ganz mit ihm gehe, aber die Briefe zeugen zugleich von dem Zweifel daran, daß er sich wirklich verständlich machen kann, und von dem Aufgeben der Hoffnung, daß er verstanden wird. Der Selbstvorwurf, daß er seiner Frau nicht gerecht wird oder ihr zuviel zumutet, hat zwar einen Anflug von Humor, geht aber in Aussagen über seine Berufung unter. Und gerade in dieser schmerzhaften Spannung im Natürlichen und Persönlichsten wird Aurobindo die harte Größe seiner spezifischen Berufung erst recht greifbar; dennoch ist er außerstande, sich ihr zu entziehen, und ebenso ist er außerstande, die für andere daraus entstehenden Härten zu mildern. Folgen kann er nur seiner Mission, und andere können mitfolgen, oder *es gibt keinen Ausweg*; so fügt er, ob er will oder nicht, selbst Härten hinzu. Daß er in so gesteigerten Worten von seiner gottgesetzten Aufgabe oder Mission spricht, ist noch nicht eigentlich das Erstaunliche. Erstaunlicher ist die absolute Sicherheit, mit der er selbst seine Besonderheit bezeugt. Er spricht von ihr als einem elementaren existentiellen Selbstgefühl. *Gewiß, über den üblichen menschlichen Geist habe ich mich erhoben*[32], sagt der ältere Aurobindo mit ruhiger Selbstverständlichkeit. Und das eigentlich Erstaunliche ist, daß er wohl recht hat.

Yoga und Politik, geistig-geistliches Leben und Weltbelange: wenn sich Beziehungen zwischen diesen beiden Bereichen knüpfen, dann sind sie gewiß recht problemreich. Aurobindo löst das Problem in diesen Jahren mit einem Schwertstreich – der Yoga hat der Politik zu dienen. Yoga ist ihm zunächst eine spezifische Seelentechnik, ein psychologisches Training, das die geistigen Kräfte intensiviert. Diese erhöhten Kräfte aber sind bitter notwendig, wenn der Kampf um Indiens Freiheit erfolgreich geführt werden soll. Wenn also der Yoga zu dieser Zeit eine lediglich zweckbestimmte dienende Stellung einnimmt, dann ist wenige Jahre darauf Aurobindo der erste, der bereit ist, diese noch primitive Lösung zu überwinden. Aber um 1900 und in den ersten Jahren nach der Jahrhundertwende ist er nicht am Yoga um des Yoga willen interessiert und deshalb eigentlich nur ein halber Yogin. *Er hatte den Yoga ursprünglich mit der Idee aufgenommen,* so sagt er selbst, *spirituelle Kraft und Energie und göttliche Führung für sein Werk in der Welt zu erwerben.*[33] Er ist Politiker, und eben dies will er sein. Da aber der Gedanke der göttlichen Führung immer wieder in alle Konzeptionen hineinspielt, zumal in einem Land wie Indien, läßt Aurobindo um diese Zeit den Yoga oder die Religion getrost Vorspanndienste für außerreligiöse Zwecke tun. Auch die tieferen religiösen Hoffnungen, die er gleichzeitig hegte, wie wir zum Beispiel aus den Briefen an Mrinalini deutlich sehen, hinderten ihn daran nicht. Die Stimmung jener Jahre ist noch deutlicher in der folgenden Äußerung eingefangen: *Ich hatte anfänglich gedacht, daß ein Yoga, der von mir verlangt, die Welt aufzugeben, nichts für mich sei. Aber ich betrieb den Yoga ernstlich, als ich erfuhr, daß dieselbe Disziplin, die man auf sich nimmt, um von der Welt zu scheiden, auch in aktives Handeln verwandelt werden kann. Yoga gibt Kraft, so hörte ich, und ich dachte: Warum in Teufels Namen sollte ich dieser Kraft nicht teilhaftig werden und sie zur Befreiung meines Landes einsetzen? Mein Land zuerst, danach die Menschheit, und alles Übrige überhaupt nicht! Das galt für mich in jener Zeit.*[34] Das war der Anfang, und alle Anfänge charakterisieren sich selbst in der Rückschau. Wenn Aurobindo seinen Anfang bedenkt, meint er selbst, in den wahren Yoga und in das höhere geistliche Leben sei er eigentlich *nur durch eine Seitentür* hineingekommen. Aber indem er sich auf den Yoga einließ, betrat er eine Geistesebene, die er nicht nur nicht nach eigenem Gutdünken auswerten konnte, sondern die ihn ihrerseits nach eigenem immanenten Maß und Gesetz mit sich fortriß und nichts als die Trümmer aller ursprünglichen eigenen Ziele und Absichten zurückließ. Und das Dynamit, das mit dem Yoga unter die Fundamente gelegt war, sollte sich schneller entzünden, als Aurobindo um diese Zeit auch nur zu ähnen vermochte.

*Seit ich meinen Fuß auf indischen Boden setzte, begann ich geistige Erfahrungen zu haben,* bekennt er. Er bedurfte keiner gequälten An-

strengungen, sich in die indische Umwelt und ihren inneren Geist ein-
zuleben. Alles strömte ihm zu, *auf Grund natürlicher Hingezogen-*
*heit zur indischen Kultur und indischen Lebensweise, auf Grund*
*einer in meinem Temperament wurzelnden Gefühlsbestimmtheit und*
*Bevorzugung alles Indischen.* Zwar spricht er auch von *dem Yoga*
*voraufgehenden Erfahrungen in London.* Er erinnert sich, daß er im
Alter von dreizehn Jahren den zwingenden inneren Anruf vernahm,
das aufzugeben, was er seine bisherige *Selbstsucht* nannte. Er erinnert sich ebenso, wie Übersetzungen indischer Texte, die er in der
berühmten Reihe «Sacred Books of the East» las, einen nachhaltigen
Eindruck auf ihn machten, und zwar insbesondere die indische Vorstellung des Atman oder des Wesensselbstes. Ernsthaft aber begann
er seinen Yoga im Jahre 1904, und zwar mit Pranayama-Übungen,
mit jener Atem-Regulierung also, von der die Brihad Upanishad sagt,
sie sei «das einzige Gelübde», auf das es ankomme. Ohne diese Übungen könne kein Yoga getan werden, so sagte man ihm, und so betrieb er sie mit Regelmäßigkeit und Ausdauer. Diese Exerzitien, die
nach genauer Methode über die drei Stufen des Einhauches, des Zwi-
schenhauches und des Aushauches verlaufen, sollen den Atman als
Prinzip auch des natürlichen Lebens realisieren helfen und entsprechend seiner welterfüllenden Universalität mit kosmischen Kräften
in Verbindung setzen. Aurobindo berichtet: *Meine eigene Erfahrung*
*ist die, daß das Gehirn voll von Licht wird. Als ich in Baroda Prana-*
*yama übte, pflegte ich es fünf oder sechs Stunden täglich zu tun, drei*
*Stunden am Morgen und zwei am Abend. Mein Geist arbeitete mit*
*großer Erleuchtung und Kraft. Gleichzeitig pflegte ich Gedichte zu*
*schreiben. Gewöhnlich schrieb ich acht oder zehn Zeilen am Tag, et-*
*wa hundert im Monat. Nach den Pranayama-Übungen konnte ich*
*zweihundert Zeilen in einer halben Stunde schreiben. Mein Gedächt-*
*nis war vorher schwerfällig, aber dann, als die Inspiration gekom-*
*men war, konnte ich die Verszeilen in ihrer Reihenfolge behalten*
*und sie jederzeit, wie es mir paßte, niederschreiben. Sobald die geisti-*
*ge Tätigkeit eine höhere Stufe erreicht hatte, konnte ich auch einen*
*elektrischen Energiefluß rund um das Gehirn wahrnehmen.*[35] Sicht-
liche Erhöhung des Gesundheitsgefühls, erhöhte schöpferische Gei-
stestätigkeit und Anfänge des *inneren Sehens* verbucht Aurobindo
hauptsächlich als Ergebnisse seiner fortschreitenden Übungen. Was
das innere Sehen anlangt, so hielt man ihm entgegen, daß es sich
wahrscheinlich nur um sogenannte «Nachbilder» von tatsächlich Ge-
sehenem handle. Aurobindo jedoch betont, daß die mit offenen Augen
und für lange Zeit geschauten Dinge *andere Gestalt, anderen Cha-*
*rakter und Lebensbewegungen hatten und sehr verschiedene Werte*
*repräsentierten*, anders und sehr verschieden von allem tatsächlich Ge-
sehenen. Der spezifischen Bedeutsamkeit der Phänomene seines inneren Sehens gewiß, fügt Aurobindo hinzu: *Jene sogenannten wis-*
*senschaftlichen Erklärungen brechen zusammen, sobald man sie aus*
*ihrem Wolkenland nur mentaler Theorien herausnimmt und sie mit*
*aktuellen Phänomenen konfrontiert.*[36] Was sich hier bei Aurobindo

in ständig steigendem Maße vorbereitet, ist das, was er später die supramentale Schau nennt. Eine entscheidende Wende nahm sein Yoga, als er im Dezember 1907 mit dem Guru Vishnu Bhaskar Lele aus Maharashtra zusammentraf. Aurobindo wollte weitere wirksame Führung. Sein jüngster Bruder Barindra setzte sich darum mit Lele in Verbindung und erreichte, daß dieser nach Baroda kam. Lele stellte Bedingungen: Keinen Umgang mit anderen, völlige Zurückgezogenheit, Gemeinschaft nur mit dem Guru. Diesen Bedingungen hatte Aurobindo zuzustimmen, für eine gewisse Zeit jedenfalls. Der Auftakt war ein dreitägiges Alleinsein in einem abgesonderten Raum. Die erste Weisung des Guru war die: Mache deinen Geist «leer». *Völlige Stille des Geistes und Unbeweglichkeit des gesamten Bewußtseins* sollten erreicht werden. Wollte eine Wahrnehmung oder ein Gedanke in das Bewußtsein treten, so waren sie «zurückzuwerfen», so lautete die Anweisung. Von *Abwehrbewegungen* spricht Aurobindo später in seinem eigenen Yoga, über die entscheidende Erfahrung berichtet er so: *Es gibt gewiß viele Wege, mein Weg aber bestand in der Zurückwerfung der Gedanken.* «*Setz dich hin», wurde mir gesagt, «beobachte, und du wirst sehen, daß deine Gedanken von außen her in dich eintreten. Ehe sie aber eintreten können, schlag sie zurück.» Ich setzte mich hin, beobachtete und sah zu meinem Erstaunen, daß es sich so verhielt. Konkret sah und fühlte ich den sich annähernden Gedanken, wie wenn er durch den Kopf von oben her eintrat, und ich war konkret in der Lage, ihn zurückzustoßen, ehe er eintrat. In drei Tagen, genauer in einem, war mein Geist erfüllt von einer ewigen Stille. Sie ist immer noch da.*

Vishnu Bhaskar Lele war über diese plötzliche Entwicklung innerhalb von drei Tagen nicht etwa erfreut, sondern eher entsetzt. Aurobindo sollte die Vorübung der «Beruhigung» des Bewußtseins machen, aber nicht so etwas wie *ewige Stille* erfahren. Diese mußte den indischen Guru sofort an jenen Monismus erinnern, dem die Welt zu Schein und Maya wird, eine Anschauung, die Lele nicht teilte. Wie berechtigt seine Befürchtungen waren, wird aber sofort deutlich, wenn wir die folgende, etwas konkretere Schilderung Aurobindos hören: *Das erste Ergebnis war eine Reihe von erschreckend machtvollen Erfahrungen, die er — sein Guru — niemals beabsichtigt hatte. Sie ließen mich die Welt mit einer erstaunlichen Intensität als ein filmartiges Spiel leerer Formen in der unpersonalen Universalität des absoluten Brahman schauen . . . Das war die Erfahrung des stillen, raum- und zeitlosen Brahman, und sie wurde erreicht, nachdem eine völlige und bleibende Stille des ganzen Bewußtseins eingetreten war. Zuerst war sie von dem Gefühl und der Wahrnehmung der völligen Unrealität der Welt begleitet.* Ein aller Inhalte bares Bewußtsein, bewegungsloses Ruhen in einer absoluten Stille, die Welt als ein unwirklicher Schein: in diesem allen mußte Lele das Alleinheits-Erlebnis des indischen Vedanta oder jenes metaphysischen Monismus erkennen, dem das Selbst ein und alles wird und schließlich mit dem Ur-

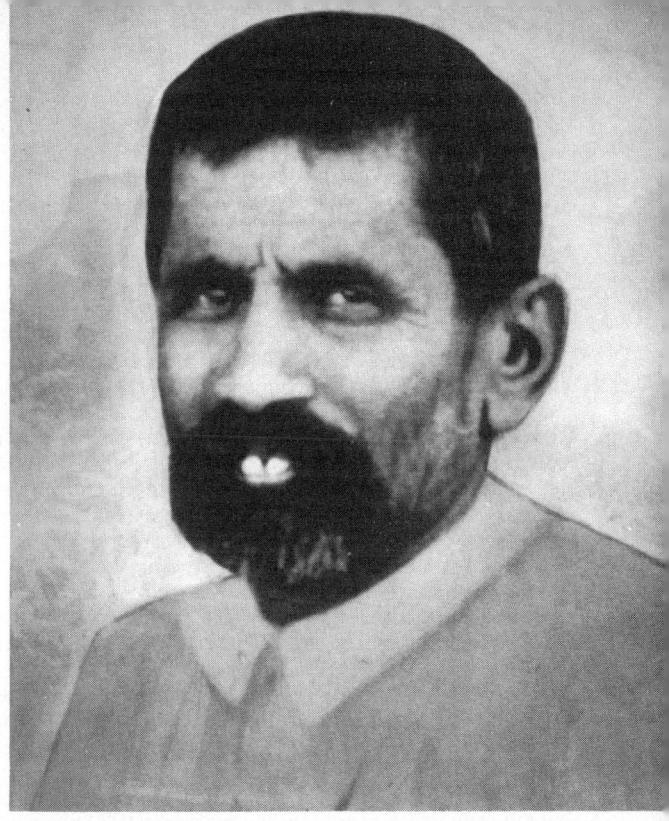

*Vishnu Bhaskar Lele*

grund des Seins zusammenfällt. Oder es mußte das gestalt- und ei-
genschaftslose Nirwana des Buddha sein. Lele versuchte diese ihm so
unerwünschte Erfahrung rückgängig zu machen; als davon keine
Rede mehr sein konnte, meinte er verdrossen, *es sei nicht Gott, sondern der Teufel, der mich gepackt habe,* erzählt Aurobindo. Lele mußte die Erfahrung machen, daß der klärende und schöpferische Antrieb,
den er hatte geben wollen, bei Aurobindo zu einem ganz eigenwil-
ligen Ergebnis geführt hatte, auf das seine eigene Führung kaum
noch Einfluß nehmen konnte. Hatte Aurobindo ihn schon dadurch in
Erstaunen gesetzt, daß er sich so *absolut und ohne Vorbehalt oder
Fragen, mit einer gleichsam automatischen Passivität,* der Führung
des Helfers ausliefern konnte, so fühlte er sich nun vollends nicht
mehr am Platze. Aber er gab mit offenbar weiser Einsicht in diesen
Sonderfall einen Rat, der für Aurobindo grundsätzlich wichtig wurde und den er stets befolgte. Dem *Führer im eigenen Innern* solle er
sich in Zukunft *mit derselben Vollständigkeit der Hingabe* ausliefern wie dem menschlichen Führer. Immer anerkennt Aurobindo, daß

37

es Lele war, der seinem Streben *die erste entscheidende Wendung* gab, aber gerade mit diesem Hinweis habe er eine *keimende Macht* in ihn gesenkt, die ihn dann *in all die Labyrinthe unberechenbarer Yoga-Entwicklungen führte, nicht gebunden an eine einzige Regel, einen Stil, ein Dogma oder eine Heilige Schrift, und schließlich dahin und zu dem, was ich jetzt bin und später sein werde,* sagt der ältere Aurobindo.[37]

Religionsgeschichtlich gesehen, hatte Lele wohl recht: dieses erste große Erlebnis Aurobindos bleibt durchaus im Rahmen der indischen Traditionen. Im Westen ist Erkenntnis eine Form des Habens, im Osten eine Form des Seins. Im Westen bemächtigt sich der fortschreitende Erkenntnisprozeß mit immer festerem Griff des Objektes. Der Osten baut das Objekt immer stärker ab, um zum reinen Bewußtsein, zum reinen Subjekt oder zum Wesensselbst zu gelangen. Das reine Bewußtsein erreicht man durch eine Reihe von Yoga-Schritten, die eine immer stärkere Abwendung vom phänomenalen Objekt bewirken. Die Frage, was dann aber aus dem Objekt und der Welt wird, beeindruckt den Menschen des östlichen Erkenntnisweges, im Gegensatz zum westlichen, nicht sonderlich; die Welt versinkt und entschwindet eben im Unwesentlichen. Während die westliche Erkenntnis vorwiegend an den Inhalten des Bewußtseins interessiert ist, ist die östliche Erkenntnis am Bewußtsein als solchem interessiert. Ist aber das reine Bewußtsein oder reine Subjekt erreicht, dann erlebt man auf dieser letzten und höchsten Stufe der Erfahrung den mystischen Kontakt mit allem Wesenhaften, mit allem wahren Sein oder Brahma. Diese existentielle Erfahrung ist zu unzähligen Malen in Vergangenheit und Gegenwart bezeugt und hat vielleicht ihren großartigsten Niederschlag in den Upanishaden und den Reden des Buddha gefunden. Daß sich in dieser grundsätzlich verschiedenen Einstellung zu Objekt und Subjekt ein Hauptunterschied zwischen östlicher und westlicher Geistesstruktur offenbart, sei angemerkt. Hier interessiert vor allem die Feststellung, daß Aurobindo damit noch nicht aus dem Rahmen indischer Spiritualität heraustrat. Tatsächlich blieb er denn auch nicht bei diesen Erfahrungen stehen.

Aber was bedeuteten sie subjektiv für ihn auf der jetzt erreichten Stufe seiner Entwicklung? Sie brachten ihm eine neue Freiheit und ein neues Universalsein. Er sagt: *Seit diesem Augenblick wurde mein mentales Wesen eine freie Intelligenz, ein universaler Geist, nicht mehr eingeschlossen in den engen Kreis persönlichen Denkens wie ein Arbeiter in eine Gedankenfabrik, sondern nun Erkenntnis empfangend aus all den hundert Bereichen des Seins und frei, in diesem weiten Imperium des Schauens und Denkens das Gewollte zu wählen. Die Möglichkeiten des menschlichen Wesens sind nicht begrenzt, es kann ein freier Zeuge und Herr im eigenen Hause sein. Ich meine nicht, daß jeder dies auf dieselbe Weise und mit derselben Schnelligkeit erreichen kann, aber eine fortschreitende Freiheit und Beherrschung des eigenen Geistes ist für jeden möglich, wenn er den Glauben und den Willen zu dem Unternehmen hat.*[38] Wir fragen:

Was heißt *freier Zeuge und Herr im eigenen Hause sein?* Offenbar dies: seiner eigenen Gedanken Herr sein. Das hatte er in der Begegnung mit Lele gelernt: die Gedanken haben zunächst uns, statt daß wir sie haben. Wenn Aurobindo davon spricht, daß die Gedanken in uns hineintreten wie fremde Wesen, dann ist das keineswegs unkritische Mythologie. Diese Yoga-Einsicht erfährt im Gegenteil eine entschiedene Bestätigung durch die moderne Tiefenpsychologie. Ist das in Stimmungen, Gefühlen, Motiven und Gedanken aufsteigende Unbewußte nicht kritisch integriert, dann macht es uns mit den aus ihm aufsteigenden Stimmungen, Gefühlen, Motiven und Gedanken unfrei, ohne daß wir es ahnen. Wir werden in der Tat zum bloßen *Arbeiter in einer Gedankenfabrik,* wie Aurobindo so drastisch und treffend sagt. Wir identifizieren uns mit etwas, das wir in unserem eigentlichen Persönlichkeitskern gar nicht sind, sein wollen oder sein sollen. Wir werden gehabt; wir haben nicht, sondern sind überflutet. Dieses Nichtmehr-gehabt-Werden von einem unkontrollierten Gedanken- und Empfindungsfluß wird freilich im Fall Aurobindos nicht durch einen längeren analytischen Prozeß erreicht, sondern gleichsam durch eine Yoga-Katastrophe, die plötzlich die gesamte bewußte Ichtätigkeit blockiert und augenblicklich zu einem schockartigen Stillstand bringt. Aber eben damit bricht sie, *prinzipiell* jedenfalls, sagt Aurobindo, den Zwang der Unfreiheit.

Jede neue Freiheit aber bedeutet Heraustreten aus der Enge. Daß sein Geist still wurde wie *die windstille Luft auf einem hohen Berggipfel,* war für ihn *überwältigend und universal.* Von solcher wesenhaften Universalität sprechen die Upanishaden, wenn sie sagen, das Wesensselbst sei der Burgherr, der an allen Stätten wohne. Von einem *weiten Imperium des Schauens und Denkens* spricht Aurobindo. Wie sich diese geweitete neue Schau allgemein auswirken wird, vor allem wie sie sich mit den relativ begrenzten Zielsetzungen der Politik auseinandersetzen wird, bleibt abzuwarten. Aber es ist vorauszusehen, daß Aurobindo konfliktreichen Auseinandersetzungen entgegengeht. Denn dieser Aurobindo, der weltentrückende Yoga-Erfahrungen hat, ist ja gleichzeitig in die Politik verflochten, nicht als Theoretiker, sondern als extremer Aktivist. Sicher kann man sich keine größere Spannung zwischen entschiedener Introvertiertheit und äußerster Extravertiertheit vorstellen, und sicher ist wohl auch, daß diese Spannung unweigerlich auf eine Entscheidung oder einen Ausgleich hindrängt.

Welche Situation fand Aurobindo bei der Rückkehr nach Indien vor?

Als Lord Dalhousie im Jahre 1856 Indien verließ, schien die Stellung der East India Company gefestigt, aber 1857 brach der sogenannte Militäraufstand aus. In Plassey wurde jedoch die britische Herrschaft, nun die der Krone, für die nächsten hundert Jahre aufgerichtet. Und mochte Disraeli, als er 1876 Königin Victoria zur Kaiserin von Indien proklamierte, auch erklären: «Das englische Parlament hat beschlossen, das indische Imperium aufrechtzuerhalten»: das Erwachen eines nationalen Lebens, das dadurch vereitelt werden

39

*Bal Gangadhar Tilak, der nationale Führer aus Maharashtra*

sollte, konnte er nicht unterbinden. Der indische Nationalkongreß, der später in Gandhis Hand ein so machtvolles Instrument werden sollte, wurde im Jahre 1885 begründet, und zwar tragikomischerweise von einem Engländer, von Allan Octavian Hume. Hume wollte ein «Sicherheitsventil» für Unzufriedenheit und Unruhe schaffen. Der Kongreß tagte zunächst auch im Geiste völliger Ergebenheit. Jahrelang schloß er seine Sitzungen mit einem Hoch auf den «Vater des Kongresses» und auf die Kaiserin Victoria. Aber Reformer tauchten auf, zunächst Ram Mohan Roy, dann Keshab Candra Sen und viele andere. Die Tagores betraten die politische Bühne. Einzelne große Gestalten ragen hervor, vor allem «der große alte Mann» Dadabhai Naoroji, der erste zum Professor ernannte Inder, Gründer von mehr als dreißig fortschrittlichen Institutionen, Vorkämpfer der Frauenerziehung, unermüdlicher Verfechter des indischen Nationalismus und kühn genug, 1901 sein Buch «Poverty and un-British Rule in India» vorzulegen, das die Mißstände ungeschminkt beim Namen nannte. Ebenso trat G. K. Gokhale hervor, der zur tatkräftigen Unterstützung des Freiheitskampfes Gandhis in Südafrika aufrief. Im Jahre 1905 kündigte die Kolonialregierung die «Teilung Bengalens» an, die lediglich als administrative Maßnahme gedacht war, von den Indern aber als «Zerreißung des Mutterlandes» leidenschaftlich beklagt wurde. So rückte Bengalen in den Mittelpunkt des öffentlichen Interesses, um schließlich Herd der ersten bedeutenden nationalen Bewegung zu werden. Um 1905 stand die Öffentlichkeit unter dem Einfluß von «Lal, Bal, Pal», nämlich Lala Lajpat Rai, Bal Gangadhar Tilak und Bepin Chandra Pal, die alle hochbegabte nationale Führer waren. Die Ergebenheitshaltung und die Bittgesuche des Kongresses nannten sie stolz «Bettelei». Und Tilak hatte bereits den Mut, öffentlich «Svaraj» zu fordern, also völlige staatliche Unabhängigkeit. «Svaraj ist mein Geburtsrecht», rief er, «und ich will es haben.» Diese stürmisch progressive Haltung hat er freilich immer wieder mit Gefängnisstrafen bezahlt.

Als Aurobindo 1893 nach Indien zurückkam, war allerdings von derart hochgesteckten Forderungen noch gar nicht die Rede, und keiner der Verantwortlichen hätte gewagt, so deutlich zu sprechen. Aurobindo jedoch begann so zu sprechen und danach zu handeln. Sofort veröffentlichte er eine Artikel-Serie *Neue Lampen für alte*, die im «Induprakash», einem Bombayer Blatt, gedruckt wurde. Der Redakteur des «Induprakash», K. D. Deshpande, kannte Aurobindo von Cambridge her und hatte ihn um eine Aussprache über die Haltung des Kongresses gebeten. Aurobindos neue Lampen strahlten nicht ein helles, sondern ein sensationelles Licht aus. *Vom Kongreß sage ich also dies: Seine Ziele sind falsch. Der Geist, in dem er sie verwirklichen will, ist nicht der Geist der Aufrichtigkeit und vollen Entschlossenheit. Die von ihm gewählten Methoden sind nicht die richtigen, und die Führer, denen er vertraut, sind nicht die Art von Männern, die Führer sein kann. Kurz: wir sind gegenwärtig Blinde, geführt, wenn nicht von Blinden, so doch auf jeden Fall von Einäugigen.*[39] Sicher entbehrten solche Äußerungen nicht einer erfrischenden Neuheit. Deshpande und andere aber waren entsetzt, und M. G. Ranade, eine bedeutende nationale Figur in Maharashtra, flehte Deshpande an, diesem öffentlichen Ärgernis ein Ende zu bereiten und solche «aufrührerischen» Publikationen zu unterbinden. Die Öffentlichkeit aber hatte weithin gemerkt, daß ein Meteor am politischen Himmel Indiens aufgegangen war.

Im einzelnen gab Aurobindo der indischen Nationalbewegung zwei radikale Impulse. Er impfte ihr ein ausgesprochen revolutionäres Element ein und erhob öffentlich den Ruf nach absoluter staatlicher Unabhängigkeit, während es der älteren Generation ganz selbstverständlich war, daß man über das Ersuchen, Indien den Status eines Dominions zu gewähren, nicht hinausging. Mit einigem Stolz sagt er: *Sri Aurobindos erstes Anliegen bestand darin, öffentlich für die völlige und absolute Unabhängigkeit als Ziel des politischen Handelns Indiens einzutreten. Darauf bestand er auf den Seiten seines «Journals» immer wieder. Er war der erste Politiker in Indien, der den Mut hatte, dies öffentlich zu tun, und er hatte sofort Erfolg. Die Partei nahm das Wort Svaraj auf, und überall breitete es sich aus. Aber als eigentliches Ideal des Kongresses wurde es erst viel später akzeptiert.*[40] Was aber das revolutionäre Moment anlangt, so kann man Aurobindo nicht im Licht der Gewaltlosigkeit Mahatma Gandhis und seiner Satyagraha-Philosophie sehen. Jederzeit tritt Aurobindo für das Recht bewaffneten Widerstandes ein. Auch Gandhi schließt die Möglichkeit eines solchen keineswegs aus. Niemals kann sich Aurobindo mit der Idee befreunden, als *schwächlicher Pazifist* zu erscheinen. Gandhis entschiedenes Unterscheiden zwischen der falschen Gewaltlosigkeit der Schwachen und der echten Gewaltlosigkeit der Starken hat aber gewiß kein anderes Ziel, als diesen Vorwurf abzuwehren. Bei genauerer Analyse zeigen sich wohl mehr Gemein-

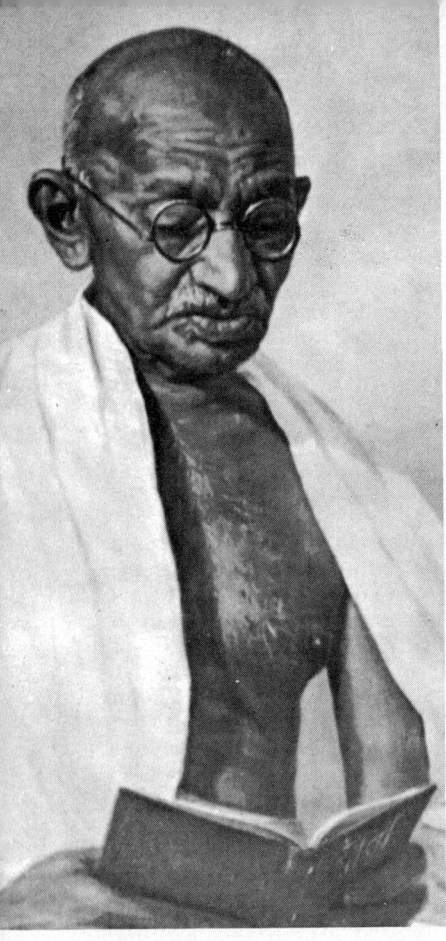
Mahatma Gandhi

samkeiten zwischen Mahatma Gandhi und Sri Aurobindo, als es zunächst den Anschein hat. Aber die Akzente liegen in der Tat recht verschieden, und deshalb ist es trotz der wiederholten Annäherungsversuche Gandhis nie zu einem persönlichen Verhältnis zwischen beiden gekommen. Wenn ein Biograph über Aurobindo schreibt, er habe an gewaltsame Revolution nicht geglaubt, dann widerspricht Aurobindo jedenfalls entschieden: *Das ist nicht wahr. Wenn Sri Aurobindo an die Wirksamkeit gewaltsamer Revolution nicht geglaubt oder sie verabscheut hätte, dann wäre er nicht der «Geheimen Gesellschaft» beigetreten, deren Zweck es war, den nationalen Aufstand vorzubereiten. Seine historischen Studien hatten ihm durchaus nicht die Lehre vermittelt, die oben angedeutet wird. Im Gegenteil, mit Interesse hatte er die Revolutionen und Rebellionen studiert, die zu nationaler Befreiung führten, wie den Kampf gegen die Engländer im mittelalterlichen Frankreich und die Revolutionen, die Amerika und Italien befreiten. Viel eigene Inspiration gewann er von diesen Bewegungen und ihren Führern, besonders von Jeanne d'Arc und Mazzini. In sein öffentliches Handeln nahm er wohl bürgerlichen Ungehorsam und passiven Widerstand als Mittel im Kampf um die Unabhängigkeit mit auf, aber keineswegs als die einzigen Mittel. Und solange er in Bengalen war, hielt er an geheimer revolutionärer Aktivität als Vorbereitung für eine offene Revolte fest, falls sich passiver Widerstand als ungenügend erweisen sollte.*[41] Aber gerade die uneingeschränkte Forderung nach Svaraj und das revolutionäre Element machten Aurobindo zum Inspirator der ersten großen Welle des nationalen Widerstandes in Bengalen, den die Geschichte kennt und dessen Höhepunkt in den Jahren 1905 bis 1908 erreicht war.

Aurobindo spricht, wie wir hörten, von seinem *Journal* und von der «Geheimen Gesellschaft». Was bedeutet beides? Das *Journal* war «Bande Mataram». *Bande Mataram, sagt er selbst, war beinahe einzigartig in der Geschichte des Journalismus, was seinen Einfluß anlangt, den Geist eines Volkes zur Vorbereitung einer Revolution zu bekehren.*[42] Und er fährt fort: *Gerade das Vorgehen der Regierung, ihn als Herausgeber von Bande Mataram gerichtlich zu verfolgen, brachte ihn eigentlich ins Rampenlicht der Öffentlichkeit. Von da an war er, was er faktisch schon eine Zeit lang gewesen war, nämlich der prominente Führer der nationalen Partei, der Hauptführer der Aktion in Bengalen und der Organisator ihres Vorgehens und ihrer Strategie. Bei sich selbst hatte er über die Grundprinzipien, nach denen er die Aktion des Landes ablaufen lassen wollte, klar entschieden. Was er plante, war fast dem gleich, was später in Irland als Sinn-Fein-Bewegung entwickelt wurde. Aber Sri Aurobindo entlehnte seine Ideen nicht von Irland, wie einige es dargestellt haben. Denn die irische Bewegung trat später in Erscheinung, und er erfuhr von ihr erst, nachdem er sich nach Pondicherry zurückgezogen hatte.* Seine mit «Bande Mataram» verbundenen Ziele beschreibt Aurobindo unter anderem so: *Er mußte die Idee der Unabhängigkeit im Bewußtsein des indischen Volkes festigen und allgemein werden lassen, zugleich eine Partei und dann die ganze Nation in eine intensive und organisierte politische Aktivität hineinführen. Seine Idee war, den Kongreß zu erobern und ihn zu einem Instrument der revolutionären Aktion zu machen, statt daß er nur ein Zentrum furchtsamer konstitutioneller Agitation blieb.*[43] Gleich wird davon zu reden sein, wie diese Eroberung des Kongresses gelang.

«Bande Mataram» ließ einen neuen Wind über Bengalen und über das übrige Indien wehen. Eigentlich war nicht Aurobindo der offizielle Herausgeber, sondern Bepin Chandra Pal; hinter ihm stand ein Editorial Board. Griff die Regierung zu, so erklärte sich jeweils einer der Mitherausgeber für verantwortlich und ging ins Gefängnis, während die Arbeit des eigentlichen geistigen Inspirators ungestört weitergehen konnte. Der «Statesman», die größte Tageszeitung Indiens, klagte, «Bande Mataram» verletze alle Gesetze, aber so, daß man dem Blatt nichts anhaben könne. Gerade dies war das klug gehandhabte Prinzip. Mit einer erstaunlich schöpferischen Kraft tat Aurobindo all diese Nebenarbeit. Es konnte vorkommen, so wird berichtet, daß er, wenn man plötzlich den Leitartikel für die nächste Nummer von ihm verlangte, von irgendwoher ein Stück Packpapier hervorzog und zu schreiben begann; die Feder flog über das Papier, und nach einer Viertelstunde konnte der Bote einen Leitartikel mitnehmen. Natürlich hörten die Polizeiaktionen gegen «Bande Mataram» und die Hausdurchsuchungen nicht auf, aber dieses für die Regierung ärgerlichste Blatt konnte nicht zu Fall gebracht werden. Erst mit Aurobindos Ausscheiden aus der Politik und seiner Übersiedlung nach Pondicherry kam es zu einem natürlichen Ende.

Man darf hinzufügen, daß sich Aurobindos politischer Journalismus nicht auf «Bande Mataram» beschränkte. Zeitweilig redigierte er zum Beispiel eine «Yugantar» betitelte Zeitschrift. Auch steuerte er Artikel in anderen Blättern bei. Zuweilen gingen auch Auoarbei= tungen von ihm von Hand zu Hand, zum Beispiel etwa 1905 der «Bhavani Mandir»-Entwurf. In diesem Zusammenhang lernen wir eine ganz andere und neue Seite Aurobindos kennen: sein Verhältnis zum Spiritismus. Das Experimentieren beschränkte sich auf automatisches Schreiben, das heute für die Wissenschaft ein bekanntes Phänomen ist und selbstverständlich hier nun nichts mit sich mitteilenden Geistern zu tun hat. Offensichtlich war es Aurobindos jüngster Bruder Barindra, Barin genannt, der am Planchette-Schreiben besonders lebhaft interessiert war. Einmal wurde Gadadhar Ramakrischna «zitiert», er wollte sich nicht äußern, mahnte aber zum Schluß: «Baue einen Tempel, baue einen Tempel.» Daraus schloß man, daß selbst Ramakrischna die «Bhavani Mandir»-Konzeption guthieß. Ein andermal hören wir sogar, wiederum von Barin, man habe eine «Botschaft von der Gottheit» empfangen. Aurobindo erklärt allerdings nachdrücklich: *Das automatische Schreiben wurde als Experiment betrieben und zugleich als Unterhaltung, das war alles.* Aber immerhin erwachte das Interesse am automatischen Schreiben noch einmal in Pondicherry, und aus den Botschaften, die man empfing, ging sogar ein Buch hervor, nämlich *Yogic Sadhan,* das Aurobindo freilich bald zurückzog.

In seinem «Bhavani Mandir»-Entwurf ist Aurobindos Anschauung folgende: Bhavani ist Mutter Indien, die schöpferische Kraft oder Shakti Gottes, die große schaffende Energie aller Ursprünge. *Diese unendliche Energie ist Bhavani, sie ist auch Durga, sie ist Kali, sie ist Radha, die Geliebte, sie ist Lakshmi, sie ist unsere Mutter, sie ist unser aller Schöpferin.* Gott selbst ist Brahman, oder wer auch immer. Gott in seiner Weltwirkung, weiblich konzipiert, ist die schaffende Shakti; das ist allerdings die orthodoxe indische Konzeption. Aurobindos Eigentümlichkeit in diesem Zusammenhang ist nun die direkte Unmittelbarkeit, mit der er die Shakti-Vorstellung auf das Mutterland, auf Mutter Indien, überträgt. Indem diese Vorstellung zugleich mit einer Fülle nationaler Motive durchsetzt wird, ist sie ihrer Wirkung gewiß. Mutter Indien ist nun in allen ihren Äußerungen eine direkte Manifestation der göttlichen Wirkensmacht. Der Mutter-Indien-Kult, der auch in Gandhis Zeiten so intensiv weiterblühen sollte, führte denn auch zur Errichtung von Mutter-Indien-Tempeln, zum Beispiel in Benares. An Stelle einer Murti oder eines Götterbildes sieht man hier nur die indische Landkarte als steinernes Symbol. Aber Aurobindo will nicht nur zur Kontemplation anleiten, er will Mutter Indien und ihren Kindern Energie zuführen. *Den Wunsch, innerlich erneuert zu werden, den haben wir im Überfluß.* Aber all die vielen Anläufe in Religion, Politik und Gesellschaft *blühen einen Augenblick, dann schwindet der Impuls dahin, das Feuer erlischt,* nichts bleibt als *leere Schalen. Unsere Anfänge sind immer mächtig, aber sie zeitigen weder Folgen, noch tragen sie Früchte. Unsere Rasse ist wie ein alter Mann, zwar mit viel angehäufter Weis-*

# Bande Mataram

## Weekly Edition.

### PUBLISHED EVERY SUNDAY.

Price One Anna.                    Price One Anna.

VOL. I. | CALCUTTA, SUNDAY, SEPTEMBER 2?, 1907. | NO. 18.

## OUR PICTURE GALLERY.

## SJT. AUROBINDO GHOSE.

*Titelseite der Zeitschrift «Bande Mataram»*
*mit Aurobindos Bild*

heit, wohl auch noch imstande, zu fühlen und zu wünschen, aber paralysiert durch senile Trägheit, senile Furchtsamkeit und senile Schwäche. Wenn Indien überleben will, dann muß es sich wieder verjüngen. *Shakti, Macht, Kraft, Energie braucht Indien insgesamt und jeder einzelne ebenso.* Die folgenden Worte sind vielleicht (aber nur vielleicht) ein direktes Produkt automatischen Schreibens, denn Aurobindo setzt sie direkt in Anführungsstriche: *Wenn du fragst, wer ist Bhavani, die Mutter, dann antwortet sie selbst so: «Ich bin die Ener-*

*gie, die vom Ewigen her in euch und in der Welt strömt. Ich bin die Mutter des Universums, die Mutter der Welten, und ihr, die Kinder des heiligen Landes Aryabhumi, ihr seid aus ihrem Staub, von ihrer Sonne und ihren Winden habt ihr Wachstum. Bhavani Bharati bin ich, die Mutter Indiens.»* Und warum soll sie in einem Tempel zum heiligen Symbol der Verehrung werden? *Indem du an ihrer frommen Verehrung teilnimmst, hilfst du, eine Nation zu schaffen, ein Zeitalter zu konsolidieren, eine Welt zu arianisieren. Und diese Nation ist deine, dieses Zeitalter ist deines und das deiner Kinder. Komm denn, höre den Ruf der Mutter. Sie ist schon in deinem Herzen und wartet darauf, manifest zu werden!* [44]

Psychologisch dürfte man das alles wohl eine divinisierende Projektion des Mutter-Archetypus nennen. Auf jeden Fall aber handelt es sich um eine Gesamtanschauung, in der sich religiöse und nationale Elemente noch derart mischen, daß man nur fragen kann, was sich daraus entwickeln wird. Wenn Aurobindo später dem Westen vorwirft, daß dort die Religion fast immer dem Staat illegitime Vorspanndienste leistet, wird er sich zu erinnern haben, daß eben das einmal der Haupttenor seiner eigenen Verkündigung war. Und wir dürfen gewiß sein, daß er sich dessen erinnert. Aber was immer über den Hintergrund solcher Anschauungen kritisch zu sagen sein mag: Aurobindo rief eine müde, in Subordination erschlaffte Nation auf, Mann zu sein oder es zu werden.

Was aber ist mit der «Geheimen Gesellschaft» gemeint, der er beitrat, wie er berichtet? Die Neigung, revolutionäre Untergrundbewegungen zu organisieren, lag in der Luft, besonders in Maharashtra und Bengalen. Auch Rabindranath Tagore zum Beispiel schloß sich in seiner Jugend einer solchen an. Eine derartige Aktion bestand jedenfalls in Maharashtra; sie wurde geleitet von Thakur Ramsingh, einem Rajput-Prinzen. Dem Bombayer Zweig dieser Bewegung schloß sich Aurobindo im Jahre 1901 an. Ein Eid war bei der Aufnahmezeremonie zu leisten; dabei trug man ein Schwert in der einen, die «Bhagavad Gita» in der anderen Hand. Bald schossen zahlreiche neue Zentren revolutionärer Agitation aus dem Boden, und zwar unter Aurobindos immer im Hintergrund bleibenden Regie, besonders in Bengalen. In Kalkutta wohnte Aurobindo in einem Hause in der Grey Street. Das Grey Street-Haus wurde zu einem regelrechten Rekrutierungszentrum. Barin und andere musterten die Kandidaten, die wichtigeren wurden von Aurobindo selbst auf ihre besondere Verwendbarkeit hin geprüft. Der Drill bestand in Schießübungen, Reiten, Turnen, Exerzieren und dem Gebrauch der Lathi, jener furchtbaren Schlagwaffe aus einem mannshohen Bambusstab mit einer Metallspitze, die im indischen Freiheitskampf noch so viel Blut vergießen sollte. In einem wohlgeschützten Keller wurden Bomben hergestellt. In den Bergen wurden sie erprobt, und es gab auch Todesopfer bei diesen Tests. Man gewann einen Soldaten der Baroda-Armee, Jatin Banerje, Aurobindo sandte ihn nach Bengalen, damit er das militärische Training sachgemäß organisierte. Damals rechnete

*Als Herausgeber von «Bande Mataram», Kalkutta, um 1906/08*

Aurobindo damit, daß ein Erfolg der Revolution im Land erst nach dreißig Jahren greifbar sein würde. Aber während dieser Zeit war seine eigene Haltung, mochte er auch noch so entschieden der eigentliche Spiritus rector der Bewegung sein, im Grunde zwiespältig. *Meine Idee war eine bewaffnete Revolution in ganz Indien. Was sie aber taten (die Revolutionäre) war sehr kindisch, denn sie brachten etwa einen einzelnen Beamten um. Später wandelte sich dieses Vorgehen in Terrorismus und Räuberei, was überhaupt nicht meiner Idee entsprach oder in meiner Absicht lag. Bengalen ist zu emotional, es will schnelle Ergebnisse sehen und kann sich nicht durch eine lange Reihe von Jahren vorbereiten.*[45] So kann Aurobindo selbst nur mit Vorbehalt als «Terrorist» bezeichnet werden. Seine eigenen Absichten grenzt er noch einmal so ab: *Tatsache ist, daß Sri Aurobindo seinen Kampf um die Freiheit niemals auf Rassenhaß oder Vorwürfe wegen tyrannischen Verhaltens oder schlechter Regierungsmaßnahmen gründete, sondern immer auf das unveräußerliche Recht einer Nation auf Freiheit.*[46] Und darum entsprachen terroristische Ausschreitungen gegen einzelne Personen nicht seiner Linie. Im übrigen sah seine praktische Einschätzung der Lage und der Aussichten der indischen Sache so aus: *Zu dieser Zeit war die militärische Organisation der großen Imperien und ihre militärischen Rüstungen noch nicht so überwältigend und offensichtlich noch nicht so unwiderstehlich wie heute. Das Gewehr war immer noch die entscheidende Waffe. Die Luftwaffe war noch nicht entwickelt, und die Macht der Artillerie war noch nicht so verheerend, wie sie es später wurde. Indien war zwar entwaffnet, aber Sri Aurobindo meinte, daß man bei richtiger Organisation und mit auswärtiger Hilfe dieser Schwierigkeit Herr werden könne. In einem so weiten Land wie Indien und bei einer so kleinen regulären englischen Armee würde selbst der Guerillakrieg, verbunden mit allgemeinem Widerstand und Revolution, ein Erfolg versprechendes Mittel sein. Und dann war ja auch an die Möglichkeit einer allgemeinen Revolte in der indischen Armee zu denken.* Auf der anderen Seite aber studierte Aurobindo das typisch englische Verhalten in politischen Dingen aufmerksam; er suchte sich immer wieder über den englischen Charakter in seiner politischen Spiegelung klarzuwerden und meinte schließlich so urteilen zu dürfen: *Sie sind nicht so, daß sie rücksichtslos und steinhart bis ans Ende bleiben. Wenn sie sehen, daß Widerstand und Revolution allgemein werden, dann greifen sie schließlich zu einer Nützlichkeitsmaßnahme, um zu retten, was noch zu retten ist. Im äußersten Falle werden sie die Unabhängigkeit lieber selbst gewähren, statt sie sich mit Gewalt aus den Händen reißen zu lassen.*[47] Wenn auch auf vielen Umwegen, ist schließlich die Geschichte ungefähr so verlaufen. Besonders Aurobindos Einschätzung des englischen Charakters und Verhaltens mutet wie eine eingetroffene geschichtliche Prophezeiung an. Deutlich ist jedoch, daß Aurobindo umfassendere Ziele mit der revolutionären Aktion verband, als sie verwirklichen konnte.

Von historischer Bedeutung war die Sitzung des Kongresses in

Surat, Ende 1907. Hier bahnte sich an, was Aurobindo zuvor die Eroberung des Kongresses nannte. Eine Gruppe der Gemäßigten und der Radikalen hatte sich in Bengalen gebildet, und wir hören: *Es war Sri Aurobindo, der diese* (das heißt die Radikalen) *im Jahre 1906 in Bengalen überredete, öffentlich als Partei Stellung zu beziehen, Tilak zu ihrem Führer zu machen und mit den gemäßigten Führern in einen regelrechten Wettkampf zu treten, um die Kontrolle über den Kongreß und über die öffentliche Meinung und Aktion des Landes zu gewinnen.*[48] Schon früher, nämlich auf den Sitzungen in Kalkutta und Midnapore, waren die Spannungen zwischen Gemäßigten und Radikalen zutage getreten. Aber in Surat kam es zum offenen Bruch, der die Gemäßigten ausschaltete und den Radikalen als einem nicht mehr zu übersehenden Faktor des öffentlichen Willens vor ganz Indien Anerkennung verschaffte. Von vornherein waren die Lager gespalten, und Aurobindos Anteil am Gang der Verhandlungen war von Anfang an entscheidend. Die Einzelheiten der Verhandlungen interessieren hier nicht – nur dies, daß es sich um eine Kraftprobe handelte. Als es aber so weit kam, daß man Tilak am Reden hindern wollte, brach ein *Höllenlärm* los, und die Gemäßigten wurden mit Gewalt in die Flucht geschlagen. So war der Surat-Kongreß zwar ein Fiasko, aber er machte Geschichte. Der Geist war von nun an mit den Extremisten, und vor der jüngeren Generation lag ein neuer Weg. Die Sprengung des Kongresses war das Symbol der fortschreitenden Schwächung der Gemäßigten. Und schon nach wenigen Jahren sollte Gandhi aus Südafrika heimkehren und diese Entwicklung besiegeln.

Wenn wir zurückblicken und den radikalen Freiheitskämpfer mit dem verinnerlichten Yogin vergleichen, dann drängt sich der Eindruck auf, daß der Aurobindo dieser Jahre in recht verschiedenen Welten lebt, und zwar jeweils unter Einsatz aller seiner Kräfte. Aus seiner Londoner Zeit haben wir ihn gehört, daß er *am meisten mit sich selbst* beschäftigt war, und wir haben ihn als einen ausgesprochen introvertierten Intuitionstyp bezeichnet. Nun sehen wir, wie er sich in den ersten Jahren nach seiner Rückkehr in Indien in eine Extravertiertheit sondergleichen stürzt. Politische Schriften und Reden, ständiges Reisen, Inspizieren und Organisieren, Verhandlungen, vibrierende Unruhe und Spannungen, das alles schien zu einem Verschlungenwerden von der Politik zu führen. Man wundert sich, wie er immer wieder all diese inneren und äußeren Forderungen mit so spontaner schöpferischer Energie erfüllen konnte. Der Yoga entsprach zwar den Erwartungen, denn er belebte und verstärkte die natürlichen Kräfte. Aber nur am Anfang war er ein bedingungslos williger Helfer, und zwar so lange, wie es noch nicht zu entscheidenden Erfahrungen gekommen war. Dann weigerte er sich ganz ausdrücklich, einfach zu leisten, was von ihm gefordert wurde. *Ohne anzuklopfen*, ohne zu sagen *Darf ich hereinkommen?*[49] brachte er eine völlig unerwartete und unerwünschte Erfahrung, die überdies der öffentlichen Wirksamkeit hinderlich war. Mit einer vom *stillen Brah-*

ma-Bewußtsein erfüllten Existenz, der das Äußere nur ein filmartiges Spiel leerer Formen war, konnte man nicht gut öffentlich agitieren. Und natürlich wurde diese Spaltung akut. Sehr bald nach der Nirwana-Erfahrung kam der dringende Ruf zum politischen Einsatz. Wie konnte Aurobindo reden, wenn sein Bewußtsein aller spezifischen Inhalte *leer* war? *Was soll ich tun?* fragte er Lele. Er solle beten, riet ihm Lele. Das könne er auch nicht, er könne nicht einmal im Zusammenhang denken. Nun folgt, was Aurobindo seine *zweite Erfahrung mit Lele* nennt. Er selber, Lele, und andere würden für ihn beten. Er solle nur vor die Versammlung treten, und «es» werde aus ihm sprechen, «eine Stimme» werde aus ihm sprechen, ohne daß er etwas dazu tue. Und Aurobindo berichtet: *Als ich mich zum Reden erhob, sprach plötzlich «etwas» aus mir.*[50] Das blieb kein einmaliges Vorkommnis. *Ich hielt Reden und redigierte eine Zeitung, all das aber tat sich von selbst, ohne daß überhaupt ein Gedanke in meinen Geist eintrat oder daß die Stille auch nur im geringsten gestört oder vermindert wurde. Ich «machte» das alles nicht, es «geschah».*[51]

Dieser Vorgang lädt zu psychologischen Deutungen ein: hier sei aber nur betont, daß er jedenfalls auf die Notwendigkeit weiterer Entwicklung hinwies. Eine solche bahnte sich auch in Aurobindo an. Das stille Brahma-Bewußtsein lockerte sich allmählich auf, um einem zentrierten indivi-

*Nach dem Kongreß in Surat, 1907*

duellen Bewußtsein mehr und mehr Raum zu geben. Auch die äußere Welt wurde allmählich bewußter und realer erfaßt. Aber das alles war noch nicht das Entscheidende. Die Wende kam, hominum confusione Dei providentia, auf eine völlig überraschende Weise. Am 30. April 1908 warfen die Terroristen in Muzzafarpur eine Bombe, die auf den District Magistrate Kingsford gezielt war, tatsächlich aber den Wagen zweier unbeteiligter Damen traf, die beide getötet wurden. Nun griff die englische Regierung nach Jahren nervösen Zuwartens gründlich zu. Die Absicht war, die gesamte Untergrundbewegung vernichtend zu treffen; in Alipur, einem Vorort Kalkuttas, wurde eine Art von Schauprozeß in Szene gesetzt. An hundert Führer wurden verhaftet, Aurobindo selbst am 4. Mai in seinem Hause in der Grey Street; er wurde ins Alipur-Gefängnis überführt. Es gab 36 Hauptangeklagte, und zu ihnen gehörte Aurobindo. 200 Zeugen sagten vor Gericht aus, 4000 Dokumente und 5000 Beweisstücke wurden vorgelegt. Im Gefängnis von Alipur verbrachte Aurobindo ein volles Jahr, während der Prozeß gegen ihn und die anderen Führer lief; ein Jahr, das faktisch den Abschluß seiner politischen Laufbahn bedeutete, ein Jahr völliger innerer Wandlung. Alipur wird die Wende, die ihn zum Meister-Yogin von Pondicherry, zum Klassiker der indischen religiösen Literatur, zum Erforscher des Überbewußten und des Supramentalen macht.

## DIE WENDE VON ALIPUR

«Meine Landsleute wissen, daß mein Bruder Aravinda Ghose eines schweren Verbrechens angeklagt ist. Ich aber glaube (und ich habe Grund zu der Annahme, auch die große Mehrheit meiner Landsleute glaubt dasselbe), daß er völlig unschuldig ist. Ich bin der Meinung, daß er freigesprochen wird, wenn ihn ein fähiger Anwalt vertritt. Er hat aber um des Dienstes am Mutterlande willen ein Gelübde der Armut auf sich genommen. Darum hat er keine Mittel, die Dienste eines fähigen Rechtsanwaltes in Anspruch zu nehmen. Darum bin ich gezwungen, so schmerzlich es mir sein mag, seinetwegen an die Öffentlichkeit und die Freigebigkeit meiner Landsleute zu appellieren. Ich weiß wohl, daß nicht alle meine Landsleute dieselben politischen Ansichten haben wie er. Auch wenn es hier um einen heiklen Punkt geht, darf ich doch sagen, daß es wenige Inder gibt, die seine großen Erfolge nicht anerkennen, seine Selbstaufopferung, seine entschiedene Hingabe an die Sache des Mutterlandes, seine tiefe Religiosität und seinen hohen Charakter. Diese Dinge sind es, die mir, einer Frau, den Mut geben, vor jeden Sohn und jede Tochter Indiens mit der Bitte hinzutreten, meinem Bruder zu helfen, meinem und ihrem Bruder.»[52] So lautete der Aufruf, den Sarojini Ghose, die tapfere Schwester Aurobindos, an die Öffentlichkeit richtete.

Aber diese menschliche Fürsorge war längst unnötig; die Ereig-

*In der Mitte: Aurobindos Schwester Sarojini*

nisse rollten nun ab, als wären sie von einer providentiellen Macht geleitet; so jedenfalls empfand es Aurobindo. Chitta Ranjan Das, ein bedeutender Anwalt und Nationalist, eilte sofort herbei und übernahm den Fall. Aurobindo schildert die Ereignisse so: *C. R. Das, einer seiner (das heißt Aurobindos) nationalen Mitarbeiter und ein berühmter Anwalt, ließ seine große Praxis in Stich und widmete sich monatelang ausschließlich der Verteidigung Sri Aurobindos, der ihm die ganze Angelegenheit völlig überließ und sich selbst gar nicht mehr um sie bekümmerte. Denn es war ihm von innen her Gewißheit geworden, und er wußte, daß er freigesprochen würde.*[53] Oder an anderer Stelle: *Ihr alle habt den Namen des Mannes gehört, der an nichts anderes mehr dachte, seine Praxis im Stich ließ, monatelang tagtäglich die halbe Nacht aufsaß und seine Gesundheit ruinierte, um mich zu retten: Chitta Ranjan Das. Als ich ihn sah, war ich völlig zufrieden. Immer noch hielt ich es aber für notwendig, für ihn Instruktionen zu schreiben. Dann aber wurde mir diese Last samt und sonders abgenommen, denn ich bekam von innen her eine Botschaft: «Dies ist der Mann, der dich aus den Stricken, die um deine Füße gelegt sind, befreien wird. Laß deine Papiere. Du bist es nicht, der ihm Instruktionen geben kann. Ich werde es tun.» Von der Zeit an sprach ich nicht ein einziges Wort über den Prozeß mit meinem Verteidiger, gab auch nicht eine einzige Instruktion. Und sooft eine Frage an mich gerichtet wurde, sah ich, daß meine Antwort der Sache nicht diente. So überließ ich alles ihm, und er übernahm alles, und das Ergebnis kennt ihr alle. Was er tatsächlich für mich bedeutete, war mir die ganze Zeit über völlig klar, denn wieder und wieder hörte ich es, in einem fort lauschte ich auf die Stimme von innen her: «Ich führe, darum fürchte dich nicht. Wende dich deinem eigenen Werk zu, um dessentwillen ich dich ins Gefängnis gebracht habe. Und wenn du dann herauskommst, dann vergiß nicht: Niemals fürchten, niemals zögern! Vergiß nicht, daß ich das alles tue, nicht du oder irgendein anderer. Ich bin Vasudeva, ich bin Narayana, und was ich will, wird sein, nicht, was andere wollen. Was ich mir vorgenommen habe, das kann keine menschliche Macht verhindern.»*[54] Und damit schauen wir bereits in das Geheimnis des großen Wandels hinein, der in Alipur über Aurobindo kommt, der sich nun selbst zu seiner eigenen größten Überraschung als einen Menschen unter der direkten Führung und unter dem direkten Anruf Gottes erfährt. Aber diese Überraschung bedeutet einen absoluten Eingriff, und dieser Eingriff bringt eine Wende in seiner Existenz. Er kümmert sich tatsächlich um nichts. Die Sitzungen und Gerichtsverhandlungen verbringt er in Meditation, in seiner Zelle treibt er Yoga, und am 5. Mai 1909 kann er, der freigesprochene Hauptangeklagte, das Alipur-Gefängnis verlassen; er ist nicht nur von Menschen freigesprochen, sondern zugleich erwacht zur größten inneren Freiheit, zur Freiheit in und aus Gott. Er sagt: *Während dieser Zeit wandelte sich seine Lebensanschauung radikal. Ursprünglich hatte er den Yoga mit der Idee begonnen, geistiger Kraft und Energie und göttlicher Führung teilhaftig zu werden und seinem Lebenswerk aufzuhelfen. Nun aber nahmen ihn das innere geistige Leben und die Erfahrungen mit ihrer ständig zunehmenden Mächtigkeit und ihrem immer umfassenden Anspruch ganz und gar in Besitz. Sein Werk war jetzt nur Teil und Frucht all dessen. Und außerdem überstieg es nun bei weitem die Idee des Dienstes am Mutterland und seiner Befreiung. Es legte sich jetzt auf ein Ziel fest, das zuvor nur von ferne aufgeleuchtet war, das aber nun weltweit in seiner inneren Bedeutung war und die gesamte Zukunft der Menschheit betraf.*[55] Was hatte sich in Alipur zugetragen?

Das großartigste Zeugnis über die Entwicklung in Alipur ist die sogenannte Uttapara-Rede, die er bald nach seiner Entlassung hielt. Uttapara liegt heute nahe bei dem groß gewordenen Kalkutta und ist mit der Vorortbahn leicht zu erreichen. Die Versammlung erwartet den gewohnten Aurobindo und eine Rede im bekannten Stil, aber sie sieht sich einem bekannt Unbekannten gegenüber. Was die Zuhörer erfahren, ist ein intensiv religiöses Bekenntnis. Er habe ihnen ein Wort zu sagen, das doch nicht *seines sei. Es ist mir gesagt worden, im Gefängnis nämlich. – Was ich sage, geschieht aus Impuls und Zwang.* Aurobindo erzählt, wie ihn der Gefängnisalltag, besonders aber die Einzelhaft, zuerst zermürbte. Eine innere Stimme habe ihn aber immer wieder beruhigt: *Warte ab. – In dieser Abgeschlossenheit wurde mir folgende erste Erfahrung und Lehre zuteil: Ich erinnerte mich nun daran, daß ich etwa einen Monat vor meiner Haft den Ruf bekommen hatte, alle Tätigkeit aufzugeben, mich zu-*

53

rückzuziehen und in mich selbst hineinzuschauen, um in engere Gemeinschaft mit Gott zu kommen. Damals war ich schwach und vermochte den Ruf nicht anzunehmen. Meine Arbeit war mir sehr lieb, und im Stolz meines Herzens dachte ich, das Werk werde leiden, versagen und zusammenbrechen, wenn ich nicht da sei. Darum konnte ich es unmöglich aufgeben. Und es schien mir, daß Er wiederum zu mir sprach: «Die Fesseln, die du zu brechen keine Kraft hattest, die habe ich jetzt für dich zerbrochen. Denn das ist nicht mein Wille, und das war meine Absicht nie, daß du auf jene Weise fortfahren solltest. Ich habe andere Dinge für dich zu tun. Und darum habe ich dich hierher gebracht, um dich zu lehren, was du selbst nicht lernen konntest, um dich so für dein Werk vorzubereiten.» Dann gab Er mir die Gita in die Hand. Seine Kraft teilte sich mir mit, und ich war nun in der Lage, meine religiösen Übungen nach der Gita zu tun. Ich hatte nicht nur intellektuell zu verstehen, sondern existentiell zu begreifen, was Sri Krishna von Arjuna verlangt und ebenso von allen denen, die Sein Werk tun möchten: nämlich frei zu sein von Widerstreben und Wunschtrieb, Sein Werk zu tun, ohne auf die Frucht des Werkes zu rechnen, den Eigenwillen aufzugeben, ein passives und gläubiges Instrument in Seinen Händen zu werden, Hoch und Niedrig, Freund und Feind, Erfolg und Versagen mit gleicher Herzensgesinnung hinzunehmen, und doch Sein Werk mit stets gleicher Hingabe zu tun.[56] Aurobindo macht mit anderen Worten in Alipur eine persönliche Gotteserfahrung, die jene unpersonale Nirwana-Erfahrung von Baroda bei weitem übertrifft. Von dieser Erfahrung spricht Aurobindo jederzeit mit zwingender Gewißheit, und er ist absolut nicht gewillt, sie kritischen Analysen oder Argumenten auszusetzen. Die Evidenz dieser Erfahrung ist ihm das «ganz andere» und damit schlechthin ein Phänomen; als solches können wir es auch nur hinnehmen und sich aussprechen lassen. Begrifflich drückt er sich stark in Wendungen der «Bhagavad Gita» aus. Besonders der Gedanke des Instrument-Werdens für Gott gehört hierher.

Ishvara, Narayana oder Vasudeva spricht zu ihm, so erfahren wir weiterhin in der Uttapara-Rede. Diese verschiedenen Namen wollen alle das eine, nämlich den persönlichen Aspekt Gottes bezeichnen. Vasudeva insbesondere ist der Gott, der nach der Wortbedeutung des Epitheton *an allen Stätten wohnt.* Und dieser Aussage entspricht die weitere Mitteilung genau: *Ich schaute auf das Gefängnis, das mich von der Menschenwelt abschloß, und die hohen Mauern kerkerten mich nicht mehr ein, nein, es war Vasudeva, der mich umgab. Ich ging unter den Zweigen des Baumes vor meiner Zelle auf und ab, und ich wußte, es war Vasudeva, es war Sri Krishna, den ich dort stehen und seinen Schatten über mich breiten sah. Ich blickte auf die Eisenstangen vor meiner Zelle, auf das Eisengitter, das als Tür diente, und wiederum sah ich Vasudeva. Es war Narayana, der mich bewachte und für mich Posten stand. Oder ich lag auf den rauhen Decken, die man mir für mein Lager gegeben hatte, und fühlte die Arme Sri Krishnas um mich, die Arme meines Freundes, des mich Liebenden.*

*Im Alipur-Gefängnis, Kalkutta 1908*

*Ich sah die Gefangenen an, die Diebe, die Mörder, die Schwindler,
und als ich sie ansah, sah ich Vasudeva. Es war Narayana, den ich in
diesen verdunkelten Seelen und mißbrauchten Körpern fand. Das
war die erste, praktische, tiefergehende Vision, die Er mir gab.*

Und auch im Gerichtssaal ist es nicht nur das Vertrauen zu Chitta
Ranjan Das, das ihn in äußerlich unbeteiligter Gewißheit verhar-
ren läßt. Es sind die großen Visionen, die ihn stärken und in eine andere Welt versetzen: *Er sagte zu mir: «Als du ins Gefängnis geworfen
wurdest, wurdest du nicht schwach und schriest du nicht nach mir,
wo denn nun dein Schutz sei? Schau jetzt auf den Richter, blick jetzt*

*auf den Ankläger.» Ich schaute hin, und es war nicht der Richter, den ich sah, es war Vasudeva, es war Narayana, der dort auf der Bank saß. Ich blickte auf den Ankläger, und es war nicht der Ankläger, den ich erblickte, es war Sri Krishna, der dort saß, mein Freund, der mich Liebende, er saß da und lächelte mich an. «Nun, was fürchtest du?» sagte Er. «Ich bin in allen Menschen und walte mit ihren Handlungen und Worten, wie ich will. Mein Schutz bleibt bei dir, und du sollst dich nicht fürchten. Diese Anklage, die gegen dich erhoben ist, überlasse mir.»*[57]

Mein Werk sollst du tun, das also war der «Anruf» von Alipur. Aber was bedeutete das nun konkret? Meinte der Anruf, daß Aurobindo dasselbe tun sollte, nur gänzlich anders, oder stellte er ihn vor die Aufgabe, eine völlig neue Lebenslinie zu finden? Es ist sehr verständlich, daß die Zeit unmittelbar nach Alipur eine Übergangsperiode, ein unerfülltes Interim bleibt. Das alte Schema will Aurobindo wieder fangen, und er widerstrebt. Vieles wird versucht, vieles wird abgebrochen, und das Gesuchte ist noch nicht gefunden.

Das Gericht hatte Aurobindo freisprechen müssen, aber seine Überwachung durch den staatlichen Geheimdienst war um so intensiver. Um diese Zeit war es Schwester Nivedita, die Aurobindo den Wink gab, man denke in britischen Regierungskreisen daran, ihn wieder zu verhaften. Schwester Nivedita, mit bürgerlichem Namen Miss Margaret Elizabeth Noble, wurde 1867 in Irland geboren und gehörte zu der Gruppe jener Frauen, die aus Idealismus vom nationalen und geistigen Aufbruch Indiens angezogen wurden, die schließlich Indiens Sache zu der ihren machten und mutig der britischen Regierung gegenüber vertraten. Mochten sie sich auch dem weltanschaulichen Einfluß Indiens meist recht kritiklos öffnen, den Indern waren sie im Hinblick auf die englische Regierung von großem Nutzen. In diesem Zusammenhang ist an Gestalten wie Annie Besant zu denken, die sogar Präsidentin des indischen Nationalkongresses wurde und deren große Verdienste um die indische Politik bis heute in Indien anerkannt sind. Ihr Bild schmückt den großen Tempel der Hindu-Benares-Universität. Oder an die englische Admiralstochter Madeleine Slade, in Indien Mira Behn genannt, Gandhis Begleiterin, die auch im Zweiten Weltkrieg seine Haft im Aga Khan-Palast in Poona teilte. Schwester Nivedita, die eine große Verehrerin des Svami Vivekananda war und auch zur «Holy Mother», der Frau Ramakrischnas, Beziehungen unterhielt, war vor allem eine verdiente Sozialarbeiterin. Eine von ihr gegründete und nach ihr benannte Mädchenschule existiert noch heute in Kalkutta. Sie verfaßte überdies zahlreiche Schriften über Indien; ihr bekanntestes Buch ist wohl der Bericht über ihre Wanderungen mit dem Svami Vivekananda in den Bergen des Himalaja. Sie zeichnete auch die ersten Entwürfe für eine indische Nationalflagge. Fast alle Nationalisten von Rang verkehrten in ihrem Hause, zugleich aber waren ihre Beziehungen zur britischen Kolonialregierung freundlich. Besonders die Gattin des Vizekönigs Lord Minto bewies ihr Wohlwollen. Über das, was hin-

*Unmittelbar nach der Rede in Uttapara. Ganz rechts, sitzend: Aurobindo*

ter den Kulissen im britischen Lager vor sich ging, war sie stets zum
Nutzen der Inder wohlinformiert. Sie war einerseits so aufrichtig
und andererseits so geschickt, daß sie nie in Gefahr kam, verhaftet
zu werden.

Aurobindo hatte Nivedita zuerst in Baroda anläßlich ihres Besu-
ches beim Maharaja kennengelernt. *Damals schlossen wir Freund-*
*schaft,* bemerkt er. Später hatte sie auch Beziehungen zu Aurobindos
revolutionären Gruppen. Jetzt aber riet sie ihm auf Grund ihrer In-
formationen, schnellstens Britisch-Indien zu verlassen und sich auf
französisches Territorium zu begeben.[58] Diesem Rat folgte Aurobindo zunächst nicht, er packte den Stier bei den Hörnern und veröffentlichte im «Karmayogin» (dieses Blatt redigierte er um diese
Zeit) einen grundsätzlich gehaltenen *Offenen Brief,* in dem er ohne
Umschweife von der Absicht der Regierung, ihn zu verhaften, sprach.
Sollte die geplante Deportation tatsächlich stattfinden, so hieß es,
dann sei dies *sein Testament und letzter politischer Wille.* Der Brief
beeindruckt durch völlige Sachlichkeit. Freimütig heißt es zwar: *Un-*
*ser Ideal ist Svaraj oder absolute Autonomie, frei von fremder Kon-*
*trolle. Wir beanspruchen das Recht einer jeden Nation, entsprechend*
*der eigenen Natur und den eigenen Idealen unser eigenes Leben aus*
*eigenen Kräften zu leben.* Aber in der Darlegung der konkreten Prinzipien heißt es dann auch: *Unser Svaraj-Ideal schließt keinen Haß*
*gegen irgendeine andere Nation ein, auch nicht gegen die Verwal-*
*tung, die gegenwärtig durch Gesetz in diesem Lande besteht. Unser*
*patriotisches Ideal bewegt sich auf der Ebene der Brüderlichkeit und*

*der Liebe. Es schaut über die Einheit der eigenen Nation hinaus und richtet sich auf die kommende Einheit der Menschheit.* Es werden auch die *gesetzmäßigen Mittel* des Widerstandes und der Auseinandersetzung betont, deren man sich bedienen wolle.[59] Nachdem sie so deutlich an die Öffentlichkeit gebracht war, schien die Maßnahme der Deportation der Regierung im Augenblick nicht opportun. Aber das bedeutete nur, daß man auf eine günstigere und weniger öffentliches Aufsehen erregende Gelegenheit wartete. Bald darauf erhielt Aurobindo denn auch von einem gewissen Ramachandra Mazumdar, der zum Mitarbeiterstab des «Karmayogin» gehörte, die vertrauliche Mitteilung, man wolle in Kürze in der Redaktion des «Karmayogin» eine Haussuchung halten und ihn verhaften. Und nun kam alle Diplomatie, alles Suchen und alle Unsicherheit zu einem schnellen, beinahe überstürzten Ende, zu einem Ende für immer. Aurobindo berichtet: *Während ich den lebhaften Kommentaren lauschte, die meine Umgebung zu dem kommenden Ereignis abgab, erhielt ich plötzlich von einer mir wohlbekannten Stimme in drei Worten einen Befehl von oben: «Geh nach Chandernagore!» In ungefähr zehn Minuten saß ich in einem Schiff nach Chandernagore. Ramachandra Mazumdar begleitete mich zum Kai, und sofort bestieg ich zusammen mit meinem Verwandten Biren Ghose und mit Moni das Boot. Beide begleiteten mich nach Chandernagore. Noch in der Dunkelheit erreichten wir unser Ziel. Meine Begleiter kehrten am nächsten Morgen nach Kalkutta zurück. Vor der Welt verborgen, war ich nun völlig in geistliche Übungen vertieft. Nach einiger Zeit verließ ich auf Grund derselben «Marschorder» Chandernagore und erreichte Pondicherry am 4. April 1910.*[60] Er war in mehr als einem Sinne ans Ziel gelangt. Hier in Pondicherry sollte Sri Aurobindo die nächsten vierzig Jahre seines Lebens bis zu seinem Tode verbringen.

Von Chandernagore aus schickte Aurobindo eine Botschaft an Nivedita, sie solle die Herausgabe des «Karmayogin» übernehmen, was sie auch tat; sie öffnete nun das Blatt dem Geiste Vivekanandas. Wir hören auch von zwei kurzen Besuchen Niveditas in Chandernagore. Die Haussuchung in der Redaktion des «Karmayogin» fand statt, auch die gerichtliche Untersuchung gegen Mohan Ghose, den Verantwortlichen für den Druck des «Karmayogin»; sie endete aber mit einem Freispruch.

Damit war Aurobindos politische Laufbahn jäh abgebrochen. Der eigentliche Fortsetzer seines Werkes wurde dann Mahatma Gandhi. War Aurobindo vor Schwierigkeiten geflohen oder ging er einem ihm mehr und wahrhaft entsprechenden neuen Ziel entgegen? Er selbst spricht dieses Bekenntnis aus: *Ich darf wohl sagen, daß ich die Politik nicht deswegen verließ, weil ich merkte, daß ich hier nichts mehr ausrichten könnte. Ich gab sie auf, weil mein Yoga durch nichts behindert sein sollte und weil ich einen ganz ausdrücklichen «Anruf» dieses Sinnes erhalten hatte. Ich habe die Verbindung mit der Politik ganz und völlig aufgegeben. Aber ehe ich das tat, hatte ich die innere Gewißheit erhalten, daß das von mir begonnene Werk*

*Aurobindos Zelle Nr. 6 im Gefängnis von Alipur*

*Sister Nivedita (rechts) mit der Frau Ramakrischnas*

nach den von mir bestimmten Grundlinien von anderen fortgesetzt
würde. Gewiß war auch der schließliche Sieg der von mir begonnenen
Bewegung, ohne daß meine weitere Teilnahme oder Gegenwart notwendig war. Daß ich mich zurückzog, geschah nicht im mindesten
aus Verzweiflung oder aus einem Gefühl der Zwecklosigkeit.[61]

Und was trieb Aurobindo gerade nach Pondicherry? Besondere Beziehungen dorthin hatte er nicht. Auf Fragen antwortete er: *Wegen
des Anrufes, um des höheren Befehls willen. Ich wurde aufgefordert.*

Dem Phänomen des Anrufes oder höheren Befehls steht Aurobindo im übrigen keineswegs unkritisch, in naiver Gläubigkeit, gegenüber. Dies zu betonen, dürfte an dieser Stelle nicht unwichtig sein.
In seinen späteren Anweisungen oder Ratschlägen für seine Sadhakas oder Schüler warnt er vielmehr ausdrücklich vor undifferenzier-
ter Kritiklosigkeit: *Diese Art von Manifestation oder Anruf kommt
in einem gewissen Stadium des Yoga sehr oft. Meine Erfahrung ist
es, daß derartiges nicht aus der reinsten Quelle fließt. Es ist darum
besser, zuzuwarten, bis man in der Lage ist, in ein höheres Bewußtsein einzutreten*[62], in ein entwickelteres Bewußtsein, das automatisch Maßstäbe der Selbstkritik mit sich führt. Der Yogin muß auf
Grund vertiefter psychologischer Einsicht über solche Maßstäbe ver-

fügen. Es ist Aurobindo darum völlig klar, daß Visionen sehr oft als Projektionen innerer Vorstellungen anzusprechen sind, daß sogenannte Anrufe allzuoft nichts weiter sind als das Sichmelden von Persönlichkeitsteilen, die autonom geworden sind und in der Gesamtstruktur der Persönlichkeit ein Übergewicht gewinnen möchten. Unendlich viele Deutungen sind möglich, *denn der Mensch kennt sich nicht selbst. Die verschiedenen Schichten seines Seins zu unterscheiden, hat er nicht gelernt. Er wirft sie gemeinhin als «Geist» auf einen Haufen, denn durch eine geistige Wahrnehmung und ein entsprechendes Verstehen weiß er um jene und nimmt er sie wahr. Darum versteht der Mensch seine eigenen Zuständlichkeiten und Handlungen nicht, oder, wenn überhaupt, dann nur oberflächlich. Es gehört zu den Grundlagen des Yoga, daß man sich der weitgehend komplexen Struktur unserer Natur bewußt wird und die verschiedenen Kräfte gewahrt, die sie bewegen, damit man die Führung eines weisenden Wissens über sie gewinnt.*[63] Wenn sich Aurobindo in seiner später in Pondicherry entworfenen Psychologie über diese vielschichtige Struktur des menschlichen Wesens Klarheit zu schaffen versucht, dann spricht er von der Multipersönlichkeit als dem synthetisierenden Oberbegriff. Die Multipersönlichkeit, die der Mensch ist, vereint so viele Unterpersönlichkeiten in sich, wie Schichten oder Ebenen vorhanden sind. Und jede dieser Unterpersönlichkeiten kann die Gesamtherrschaft an sich reißen. Auf jeden Fall sind sie vom Physischen und Vitalen bis zum Supramentalen so zahlreich, daß es ständig zu Aufständen gegen den eigentlichen Souverän, das metaphysische Wesensselbst, kommen muß. Die Aufständischen können aber nur unter zwei Hauptbedingungen zur Friedensstiftung gezwungen werden. Der *eigentliche Souverän* muß die Zügel der Herrschaft wirklich und de facto, nicht nur de jure, ergreifen, und zwar Schicht für Schicht, bis alle Territorien des Reiches ausgeschritten sind. Und alle jene Ebenen müssen zweitens *bewußt* gemacht werden, wodurch sie erst in ihrer Eigenart und ihrer angemaßten, pervertierten, destruktiven oder positiven Rolle wahrhaft erkannt werden, und erst wenn sie in ihrer tatsächlichen Funktionsbedeutung erkannt sind, ist ihre *Unterwerfung,* das heißt die *Gesamtintegration* wirklich möglich. Die Eigenart der Aurobindianischen Yoga-Psychologie liegt erstens in der Weite der erstrebten Integration, will diese doch auch die Sphäre des Überbewußten miteinschließen, und zweitens darin, daß diese Bewußtmachung bis in die untersten Schichten des Physischen voranzutreiben ist. Und diese Eigenart ist, von Indien her gesehen, besonders hervorzuheben.

Aurobindo hat also einen recht anschaulichen Begriff von den *Illusionen des Ego,* wenn von Visionen oder Anrufen die Rede ist. Viel öfter sind solche Phänomene seiner Meinung nach eine trügerische *Versuchung,* und darum warnt er in kritischer Besonnenheit: *Jeder Sadhaka muß bei sich selbst entscheiden, wenn er keinen ihn leitenden Guru hat, ob er dergleichen als Versuchung oder als eine Mission ansehen soll.*[64] Wie ihm eines überhaupt ganz abgeht:

*Pondicherry*

naive Leichtgläubigkeit. Aber daß die metaphysische Realität nur so weit reicht wie die subjektiven Erfahrungsmöglichkeiten, das wäre wiederum eine naive Leichtgläubigkeit, die er erst recht nicht teilt. So hebt trotz aller diffizilen und kritischen Psychologie die Möglichkeit der *Versuchung* die andere Möglichkeit der echten *Mission* nicht auf. Und dies hat Aurobindo trotz allem entschieden für sich in Anspruch genommen. Denn *der fundamentale Glaube im Yoga ist dieser: Gott ist da – und Gott ist das eine, dem es zu folgen gilt.*[65]

Und Aurobindo setzt hinzu: *Solange ein Mensch diesen Glauben hat, ist er für das geistige Leben bestimmt, und das sage ich auch dann, wenn seine Natur voll von Hindernissen und vollgestopft mit Weigerungen und Schwierigkeiten ist. Und wenn er auch viele Jahre des Kampfes vor sich hat, er ist zum Erfolg im geistigen Leben ausersehen.*[66] Mit diesem Glauben, dieser Zuversicht und dieser Route begann er seinen Kampf und seine innere Entdeckungsfahrt in der Stille von Pondicherry.

## ANFÄNGE UND FESTIGUNG IN PONDICHERRY

Solange die «Karmayogin»-Angelegenheit und die gerichtliche Untersuchung nicht beendet waren (auch gegen ihn selbst lief noch ein Haftbefehl), hielt sich Aurobindo zurück. Dann aber gab er sein Ausscheiden aus der Politik bekannt, indem er im «Hindu», einem in Madras erscheinenden Blatt, einen Brief an den Herausgeber veröffentlichte, in dem es unter anderem heißt: *Ich wäre Ihnen verpflichtet, wenn Sie mir erlauben wollten, durch Ihr Blatt jedermann über meinen Verbleib zu informieren, nämlich daß ich in Pondicherry bin und hier bleiben werde. Ich habe Britisch-Indien mehr als einen Mo-*

*nat, bevor gerichtliche Maßnahmen gegen mich ergriffen wurden, verlassen. Willentlich habe ich mich hierher zurückgezogen, um weiter Yoga zu üben, ungestört von politischer Tätigkeit oder Beanspruchung. Wenn irgend jemand in Zukunft etwas anderes sagt, dann ist es falsch. Ich möchte absolut klarstellen, daß ich mich von aller Politik zurückgezogen habe und daß ich mit niemandem über politische Angelegenheiten sprechen oder korrespondieren will.*[67]

Allerdings bestand anfangs die gleichsam aus der Wirrnis des abrupten Übergangs geborene vage Vorstellung, der Rückzug in die Abgeschiedenheit von Pondicherry könnte zeitlich begrenzt sein, aber solche Erwägungen schwanden bald dahin.

Die Regierung schenkte jedoch der Aufrichtigkeit dieser Entscheidungen keinen Glauben. Sie überwachte Aurobindo so gut und so unauffällig durch Agenten, wie das auf fremdem Territorium möglich war. Aber sie versuchte auch direkt, seiner habhaft zu werden. Man erhielt zum Beispiel die Nachricht, daß ein in Pondicherry als Stauer und Fischer tätiger Nand Gopal Chetty etwas gegen Aurobindo im Schilde führte. Die Familie war reich und hatte Einfluß; Nand Gopal war auch politisch tätig. Er war von den britischen Behörden gedungen, Aurobindo mit Gewalt über die Grenze zu schaffen. Aber die Ausführung des Planes zerschlug sich, denn Nand Gopal wurde wegen gewisser Vorkommnisse bei den Gemeindewahlen verhaftet, vermochte aber nach Madras zu entweichen. Ein andermal kam ein gewisser V. V. S. Aiyar, der mit revolutionären Kreisen in Indien in Verbindung stand, nach Pondicherry und besuchte Aurobindo. Die Regierung ließ durch Agenten ihres Geheimdienstes eine Konservendose mit aufrührerischen Schriften in Aiyars Brunnen werfen. Sie dang zugleich einen ansässigen Inder namens Mayuresan, Anzeige zu erstatten. Aber der Zufall wollte, daß die Magd Aiyars mit einem Eimer Wasser die Dose ans Tageslicht brachte. Sie wurde Aurobindo gezeigt; der beschloß, sie der französischen Polizei zu übergeben. Eine Untersuchung fand statt, auch eine Haussuchung bei Aurobindo, die aber wenig Zeit beanspruchte, denn das gesamte Mobiliar bestand nur aus einem Tisch, ein oder zwei Stühlen und einigen Koffern. In der Schublade des Tisches fand der untersuchende Beamte M. Nandot ein griechisch beschriebenes Blatt. Dies führte zu einem freundlichen Gespräch; Aurobindos Sprachkenntnisse erfüllten M. Nandot mit Respekt. Ein anderes Mal mußte man entdecken, daß man seit längerer Zeit einen CID-Mann, das heißt einen Agenten des Geheimdienstes, namens Birendranath Roy im eigenen Hause beherbergte. Er war mit anderen als Bewunderer Aurobindos ins Haus gekommen, hatte sich mit diesem angefreundet und sich als Koch nützlich gemacht. Unter dem Einfluß der Umgebung konnte er seine Rolle nicht durchhalten. Als der Kreis eines Abends in gelockerter Stimmung zusammensaß, bekannte er plötzlich: «Ich bin ein CID-Mann»; das nahm man als einen Scherz auf. Er trat aber den Beweis für seine Behauptung an, indem er die letzte Geldsendung vom Geheimdienst zeigte, beteuerte jedoch, er habe nie einen negativen Bericht über Sri Aurobindo abgesandt. Nachdem Versuche dieser Art fehlgeschlagen waren, ging man auf eine vornehmere Weise vor. Im Jahre 1915 lud der Gouverneur von Bengalen, Lord Carmichael, Aurobindo ein, nach Britisch-Indien zurückzukehren. Bei einer freiwilligen Rückkehr werde der Haftbefehl aufgehoben. Aurobindo durchschaute die Falle und lehnte ab. Darauf wurde ein Beauftragter der Regierung direkt nach Pondicherry geschickt, der Aurobindo die herzliche, aber seltsame Einladung übermittelte, zu wichtigen Besprechungen in seinen auf dem Bahnhof von Pondicherry wartenden Sonderwagen zu kommen. Aurobindo begab sich nicht in den Sonderwagen. Sodann erbot man sich, ihm ein Haus in dem schönen Bergort Darjeeling zur Verfügung zu stellen, wenn er freiwillig zurückkehre. Schließlich wurde man offiziell und suchte die französische Regierung direkt zur Auslieferung Aurobindos zu veranlassen. Dies wurde ebenso offiziell verweigert. Erst 1937, als zum erstenmal Kongreß-Minister in die Regierung einzogen, hörten diese Versuche auf.

Wie aber ließ das Leben in Pondicherry sich sonst an? Da wirkliche Beziehungen fehlten, konnten die Anfänge nur kläglich sein. Anfangs wohnte Aurobindo im Hause eines gewissen Shanker Chetty. Dann wurden die Häuser oder Quartiere oft gewechselt, häufig gegen billigere. Solche Alltagssorgen waren Aurobindo von London her nicht unbekannt. Der Haushalt bestand anfangs aus fünf Personen. Die vier Getreuen, die sein Exil teilten und sich hilfreich um ihn bemühten, waren Moni (mit eigentlichem Namen Suresh Chakravarti), Bijoy Chatterjee, Saurin Bose und Nolini Kanta Gupta, alles alte Freunde oder Mitkämpfer aus der Zeit vor Pondicherry. Die vier kochten abwechselnd, oft aber verdarb der Geldmangel die Speisekarte. In einem Brief aus dem Jahre 1912 heißt es: *Ich muß Dich bitten, mir durch Willenskraft oder durch eine andere himmlische oder irdische Macht fünfzig Rupien wenigstens auf Borg zu beschaffen. Die Situation ist so, daß wir im Augenblick nur eine Rupie und ein paar Annas in der Hand haben.* In einem anderen Brief heißt es, man habe nur noch vier Annas, das sind fünfundzwanzig Pfennige. Mit solchen Hilferufen wandte man sich meist an Motilal Roy, einen bemittelten Kaufmann, der in Chandernagore ansässig und bei Aurobindos Aufenthalt dort bereits nach Kräften für ihn gesorgt hatte. Von 1910 an schickte er sechs Jahre lang finanzielle Unterstützung, wobei ihm ein anderer begüterter Mitbürger desselben Ortes, Durgadas Seth, tatkräftig half. Motilal Roy ließ sich von Aurobindo auch in den Yoga einführen und betrachtete ihn als seinen persönlichen Guru. Andere einzelne Anhänger oder Bewunderer Aurobindos sandten hin und wieder Hilfe. Die Revolutionäre in Bengalen vergaßen ihren einstigen Führer nicht. Aber das alles hieß nur, daß man Geld hatte, wenn Geld kam. Alle in Bengali geschriebenen Bücher Aurobindos (und einige englische) wurden in einem Verlag in Chandernagore vertrieben und brachten gelegentlich Einkünfte, die von einem französischen Territorium in das andere geschickt werden

*Der Regierungspalast von Pondicherry*

konnten. Aber die Honorare sind in Indien verhältnismäßig niedrig. Gelegentlich kam eine besondere Sendung ins Haus. Aurobindo übersetzte C. R. Das' Werk «Sagar Sangit» aus dem Bengali in englische Verse, wofür sein ehemaliger Verteidiger in Alipur großzügig tausend Rupien schickte. Auch andere Bewunderer taten gelegentlich etwas für ihn. So schickte Thakur Dutt aus Amerika tausend Rupien, aber das war sehr viel später. Die ersten Jahre in Pondicherry waren hart, und Aurobindo schreibt wiederholt darüber.

Zur Konsolidierung der Verhältnisse und zu der fruchtbaren Entwicklung, die aus jenen kleinen Anfängen den ausgedehntesten Ashram Indiens werden ließ, trugen im wesentlichen drei Umstände bei. Zunächst die Gründung der philosophischen Zeitschrift «Arya», die jahrelang, bis sie sich selbst überholt hatte, ein ausgesprochener Erfolg war. Sodann gab die Ankunft Mira Richards, der späteren «Mutter» des Ashrams, dem ganzen Leben einen ungeahnten Auftrieb. Drittens nahm die innere Entwicklung Aurobindos nun einen so phänomenalen, alle bekannten traditionellen Maße überschreitenden Aufschwung, daß sie die Aufmerksamkeit nicht nur Indiens, sondern mehr und mehr des Auslandes auf sich und das Werk in Pondicherry zog. Letzteres galt zunächst besonders für Frankreich und Amerika. Bald aber gewann Aurobindos Name allgemeinere internationale Geltung, so daß er sogar zur Verleihung des Nobelpreises vorgeschlagen werden konnte.

Zur Gründung der Zeitschrift «Arya» kam es 1914, und die erste

*Ein Brief Aurobindos*

Nummer erschien am 15. August, an Aurobindos Geburtstag. Im Jahre 1910 war der Franzose Paul Richard in offiziellen Geschäften nach Pondicherry gekommen. Richard war lebhaft am Osten und seiner Spiritualität interessiert. Er war von Aurobindo tief beeindruckt und schlug ihm vor, eine philosophische Zeitschrift zu gründen, die selbstverständlich vor allem den Ideen Aurobindos offenstehen sollte. Aurobindo sagte seine Beteiligung zu. Aber beim Ausbruch des Ersten Weltkriegs mußte er sehen, daß das Projekt plötzlich allein auf seinen Schultern ruhte. Er sagt darüber: *Philosophie!*

*Laß Dir im Vertrauen sagen, daß ich nie, nie ein Philosoph gewesen bin, obwohl ich Philosophie geschrieben habe, aber das steht auf einem anderen Blatte. Ich wußte herzlich wenig über Philosophie, ehe ich Yoga trieb und nach Pondicherry kam. Ich war ein Dichter und Politiker, kein Philosoph. Und wie ich dann doch dazu kam und warum? Einmal, weil Richard mir den Vorschlag machte, an einer philosophischen Zeitschrift mitzuarbeiten, und da meine Theorie besagt, daß ein Yogin imstande sein müsse, überall Hand anzulegen, konnte ich nicht gut ablehnen. Und dann mußte er in den Krieg und ließ mich im Stich, und ich hatte laufend vierundsechzig Seiten Philosophie ganz alleine zu schreiben. Zweitens mußte ich in intellektuellen Termini all das niederschreiben, was ich in meiner täglichen Yoga-Praxis beobachtet und erkannt hatte, und damit war die Philosophie da, automatisch! Aber das heißt nicht, ein «Philosoph» sein.*[68]
Nirgends besser als in dieser selbstbiographischen Briefstelle kommt die Eigenart von Aurobindos Denken zum Ausdruck. Sie steht und fällt mit der Yogin-Regel: Erst Erfahrung, dann Erkenntnis. Dieses Denken bewegt sich nicht auf der Ebene der Prämissen und Schlußfolgerungen, um sodann ihr Wesen auszusagen und ihre Bedeutung zu bedenken. Es ist kein intellektuelles Unternehmen, sondern existentielle Selbst- und Wesensphänomenologie. Dies heißt, daß Reinigung, Integration oder Heiligung für Aurobindo entscheidend von dem abhängen, was man als neuen schöpferischen Impuls erfährt. So kann hier von einer an Normen oder Prinzipien orientierten Ethik keine Rede sein. Das neue, höhere Leben ist Folge und Frucht. Als Sarvepalli Radhakrishnan ihn bittet, einen philosophischen Beitrag zu einem Sammelwerk beizusteuern, das der indischen Philosophie der Gegenwart gewidmet sein soll, fühlt sich Aurobindo aus nunmehr verständlichen Gründen keineswegs geschmeichelt, auch nicht durch die ihm eröffnete Aussicht, auf diese Weise im Westen eingeführt zu werden. Er antwortet: *Erwartet man, daß ich mich in eine Maschine zur Produktion von philosophischen Artikeln verwandle?* Er habe wichtigere Dinge zu tun, und eines könne er darum gewiß nicht, nämlich Philosophie auf Bestellung schreiben.[69] So ist denn auch «Arya» nicht eigentlich ein philosophisches Fachblatt im engeren Sinne des Wortes, soviel Fachphilosophie seine Seiten auch aufweisen mögen. Es ist der konkrete Ort der Selbstaussprache Aurobindos. Nicht daß er über seine eigenen Yoga-Erfahrungen direkt berichtete, aber diese bilden deutlich den Hintergrund, der ihm eine neue und ständig sich weitende, in immer größere Tiefe dringende Schau der Probleme möglich macht. Wenn Aurobindo überzeugt ist: *Das Geheimnis des Erfolges im Yoga liegt darin, daß man ihn nicht nur als eines unter den im Leben zu verfolgenden Zielen ansieht, sondern als das ganze Leben*[70], dann heißt das im Hinblick auf «Arya», daß hier kein relevantes Lebensproblem ausgeschlossen ist. Und das Wie der Behandlung entspricht der anderen Überzeugung Aurobindos: *Aller Yoga ist seiner Natur nach eine neue Geburt. Er ist die Geburt aus dem gewöhnlichen, dem intellektualisier-*

ten, materiellen Leben des Menschen in ein höheres spirituelles Bewußtsein und in ein größeres und göttlicheres Sein. *Kein Yoga kann erfolgreich unternommen oder durchgeführt werden, wenn man nicht gründlich zu der Einsicht erwacht ist, daß eine umfassendere spirituelle Existenz notwendig ist.*[71] Von diesem spirituellen Erwachen und dieser aus ihm folgenden Neugeburt der menschlichen Werte legt «Arya» Zeugnis ab. Und aus dieser spezifischen Sicht spricht Aurobindo vom Individuum und Volk, von sozialer Bindung und Freiheit, vom neuen Staat und seiner Führerelite, von Internationalismus und Ost-West-Beziehungen, aber ebenso gibt er neue Textinterpretationen, besonders der «Bhagadvad Gita» oder des Veda. Die zum Komplex von Karma und Wiedergeburt gehörigen Probleme sind nie zuvor so behandelt worden, wie es hier geschieht. Der Evolutionsidee ist Aurobindo in der «Arya»-Zeit überdies bereits weit geöffnet. Das Entwicklungsziel der Menschheit und ihrer Kulturen ist darum ein immer wieder behandeltes Thema. Aber im Mittelpunkt steht natürlich seine Vorstellung vom neuen integralen Yoga mit ihren unerschöpflichen Einzelfragen und nicht zuletzt das Problem der Religion in der Neuzeit und der transzendenten Realität überhaupt. Über die innere Zielsetzung des «Arya» äußert sich Aurobindo: *Das ist unser Ideal und unser Suchen im «Arya»: Wir wollen die tiefschürfendsten und lebenswichtigsten Methoden zur psychologischen Disziplin und zur Entfaltung des Selbst entwickeln. Sie sollen auch das Vitale so eng wie möglich berühren, damit das Physische wie das Seelische ein wirklicher Ausdruck des spirituellen Lebens werden kann, und zwar in seiner größtmöglichen Weite, seinem Reichtum, seiner Macht und Komplexität. Und wir wollen Wege und Motive finden, die des Menschen äußeres Leben, seine Gesellschaft und seine sozialen Institutionen umgestalten, der Wahrheit des Geistes entsprechend, größtmögliche Harmonie zwischen individueller Freiheit und sozialer Einheit aufrichtend.* Richtig gelesen, ist «Arya» jedenfalls eine fortlaufende geistige Selbstbiographie Aurobindos, die vor allem seine Entwicklung während der Jahre 1914 bis 1921 zeigt. «Arya» wendet sich an den Einzelnen, an die Gesellschaft und den Staat; das Ziel ist die progressive Evolution der Menschheit. Und so wird denn hier schon deutlich, daß der hinter diesem allem stehende Yoga wenig mit den alten, in Einsamkeit und Weltflucht endenden Yoga-Wegen gemein hat.

Aus den «Arya»-Veröffentlichungen ist eine Reihe der größten Werke Aurobindos hervorgegangen. Hier sind vor allem die ersten siebenundzwanzig Kapitel seines Hauptwerkes *The Life Divine* erschienen, 1040 Seiten stark, auch in New York herausgegeben. Aus «Arya»-Beiträgen entstanden zum Beispiel die folgenden Werke: *The Ideal of Human Unity*, zwei Bände *Essays on The Gita, Hymns to The Mystic Fire*, über die Lieder des Veda, *The Synthesis of Yoga, The Human Cycle* und das so wichtige und hinsichtlich der Auseinandersetzung mit überlieferten Denkformen so aufschlußreiche Buch *The Problem of Rebirth*. Zu erwähnen ist auch *On The Veda* oder

*In Pondicherry, um 1918/19*

*Um 1920*

*The Foundations of Indian Culture.* All diese und andere Werke Aurobindos wurden bisher vielfach aufgelegt und auch in indische Sprachen übersetzt. So ist «Arya» tatsächlich die Geburtsstätte der großen literarischen Schöpfungen Aurobindos, wenn auch nicht in einem seine Entwicklung abschließenden Sinne. Im Jahre 1921 stellte die Zeitschrift ihr Erscheinen ein, weil diese Form der Selbstmitteilung einer weiteren Entwicklungsstufe und der nun notwendigen Aussprache nicht mehr gemäß erschien. Jedenfalls stellt Aurobindo mit einiger Zufriedenheit fest, er habe mit seiner Feder noch weit mehr Menschen erreicht als mit seinem gesprochenen Wort. Und auch dies vermerkt er: «*Arya*» *war tatsächlich ein finanzieller Erfolg. Mit seinem großen Überschuß war das Blatt eine ständige Einnahme.*

Auf diese Weise wurde aus dem kleinen Anfang in Pondicherry ein geistig dynamisches Zentrum mit nicht leicht abzuschätzender Fernwirkung. Es kamen Schüler, es entwickelten sich Verbindungen, der Einfluß reichte bis in die aufmerkenden Regierungskreise hinein, und dieses alles veränderte die Situation.

Der zweite, zur Konsolidierung führende Faktor war die Ankunft Mira Richards. Die künftige «Mutter» des künftigen Ashrams traf Aurobindo zuerst am 29. Mai 1914. Schon vorher hatte sie Anfragen über die symbolische oder esoterische Bedeutung des Lotosbildes an ihn gerichtet. Nach Aurobindo deutet dieses archetypische Symbol das Sichöffnen des Bewußtseins gegenüber höheren Einflüssen an, ist also hauptsächlich ein Wandlungssymbol; es kann aber auch für das Wesensselbst stehen. Nach jenem ersten Treffen schrieb Mira in ihr Tagebuch: «Der, den wir gestern sahen, ist auf Erden, und seine Gegenwart ist Beweis genug, daß ein Tag kommt, an dem die Dunkelheit in Licht verwandelt wird.»[72] Mira kam aus Frankreich, war türkisch-ägyptischer Abstammung und mit dem jüdischen Geschlecht der Alfassa verwandt; so war sie von Anfang an eine Sadhaki, das heißt eine um geistliche Disziplin und Entwicklung Bemühte besonderer Art. Unter dem Meister Théon war sie in Algerien durch eine intensive Schulung im Okkultismus gegangen. Der wissenschaftliche Okkultismus kann in der Tat wichtige psychologische Einsichten vermitteln und damit einer der Wege zur Erforschung der Reichweite des menschlichen Geistes über bloße bewußte Rationalität hinaus werden. Es sei nicht vergessen, daß auch C. G. Jung sich ernsthaft mit dem Okkultismus auseinandersetzte und Autoren wie Duprel, Eschenmayer, Passavant, Justinus Kerner, Görres, Swedenborg und anderen große Aufmerksamkeit schenkte; seine Doktorarbeit schrieb er über das Thema «Zur Psychologie und Pathologie sogenannter okkulter Phänomene». Heute finden wir jedenfalls in der Bibliothek des Sri Aurobindo Ashram, die in einem palastartigen Gebäude am Meer untergebracht ist, eine Spezialsammlung okkulter Literatur, wie sie an wenigen Stellen der Welt anzutreffen ist. Von Miras geistigem und geistlichem Profil empfangen wir einen besonders eingehenden Eindruck in dem großen Zeugnis, das in dem Bande «Prayers and Meditations of The Mother», Pondicherry 1951, vorliegt. In einer dem Buch vorangestellten handschriftlichen Widmung sagt sie: «Manche geben ihre Seele dem Göttlichen hin, andere ihr Leben, andere ihr Geld. Einige weihen ihm, was sie sind und haben, ihre Seele, ihr Tun, ihren Reichtum. Das sind die Kinder Gottes. Manche geben nichts. Diese sind, was auch ihre Stellung, ihre Macht und ihr Reichtum sein mag, wertlose Ziffern im Hinblick auf den göttlichen Plan. Dieses Buch ist für die gemeint, die sich Gott ganz weihen wollen.» Strebte sie selbst nach einer derart absoluten Konsekration, so stand Aurobindo seinerseits nicht an, zu erklären:

*1920: Der Guru mit Schülern*

1920

*Schon in ihren frühen Tagen stand die Mutter oberhalb der mensch-*
*lichen Ebene.*[73]

Zunächst spielte sich der Umgang zwanglos ab, während des Jahres 1914 jedenfalls. Bei ihren täglichen Besuchen brachte Mira Kokosnuß-Süßigkeiten für den ganzen Kreis zum Tee mit. Eine Einladung zum Abendessen vereinte die Runde am Sonntag im Richardschen Hause. Aber die Kriegsereignisse zwangen die Richards, 1915 nach Frankreich zurückzukehren. Nach einem langen Aufenthalt in Frankreich und Japan kehrte Mira am 24. April 1920 nach Pondicherry zurück. Es war ihr zur inneren Gewißheit geworden, daß ihr Platz an Aurobindos Seite sei, und das hieß, an seinem Yoga, seinem Werk und seiner Mission teilzunehmen.

Man hat Mira gefragt, wann sie sich ihrer geistlichen Mission zuerst bewußt geworden und wie es zur Zusammenarbeit mit Aurobindo gekommen sei. Darauf hat sie mit einem aufschlußreichen Brief geantwortet. «Was das Wissen um eine Mission anlangt, so ist es schwierig, anzugeben, wann ich darüber zur Klarheit gelangte. Es ist, als wäre ich damit geboren. Und wie mein Gehirn und mein Geist sich entwickelten, so wuchs auch dieses Bewußtsein an Präzision und Vollständigkeit. Im Alter von elf bis dreizehn Jahren enthüllte mir eine Reihe von psychischen und spirituellen Erfahrungen nicht nur die Existenz Gottes, sondern auch dies, daß der Mensch die Möglichkeit habe, ihm zu begegnen, ihn schrittweise in Bewußtsein und Handeln sichtbar werden zu lassen, ihn in einem göttlichen Leben auf Erden zu manifestieren. Dies wurde mir durch verschiedene Lehrer erschlossen, samt der entsprechenden praktischen Unterweisung. Diese Mitteilungen geschahen, während mein Leib schlief. Einige von jenen Lehrern traf ich dann später auf der Ebene physischer Existenz wieder.» Unter diesen Lehrern habe sich, so berichtet sie weiter, eine Gestalt in den Vordergrund geschoben, die sie aus keinem besonderen Grund Krishna zu nennen pflegte. Und sie fährt fort: «Im Jahre 1910 kam mein Mann allein nach Pondicherry, wo er unter interessanten und besonderen Umständen die Bekanntschaft Sri Aurobindos machte. Seitdem wünschten wir beide sehnlich, nach Indien zurückzukehren, dem Lande, das ich immer als mein wahres Heimatland wert gehalten hatte, und 1914 erfüllte sich dieser freudige Wunsch. Sobald ich Aurobindo sah, erkannte ich ihn als das mir so wohl vertraute Wesen, das ich Krishna zu nennen pflegte. Und das ist durchaus genug, zu erklären, warum ich völlig überzeugt bin, daß mein Platz und mein Werk in Indien in seiner Nähe sind.»[74] Wäre die tiefenpsychologische und parapsychologische Forschung nicht unterdessen so weit entwickelt, müßte dieser Brief, namentlich dem westlichen Leser, völlig unverständlich bleiben. Es ist uns heute jedoch nicht verborgen, daß die gesamtgeistige Dynamik des Menschen nicht nur an die Bewußtseinsebene gebunden ist, sondern auch im Schlaf beziehungsreiche Funktionen ausüben kann. So dürfen die von

*Die «Mutter», aus Aurobindos Zimmer kommend*

Gästehaus Golkonda:
der Innenhof

Die Gießerei im Ashram

*Schriften Aurobindos, in der eigenen Druckerei hergestellt*

Mira berichteten Erfahrungen wohl als telepathisch-prognostische Träume oder Visionen angesprochen werden. Die Begegnung mit Aurobindo war nicht eigentlich ein Sichkennenlernen, sondern ein Wiedererkennen von längst zuvor innerlich Geschautem. Und so darf man wohl von einer «Wahlverwandtschaft» höchster Ordnung sprechen. Und dem entspricht auf der anderen Seite die Sonderstellung, die Aurobindo dieser Frau jederzeit einräumte.

Zur Rückkehr Paul Richards nach Pondicherry kam es freilich nicht. Er schrieb jedoch später ein Buch, «The Dawn Over Asia», in dem er Aurobindo als den kommenden geistigen Führer Asiens feierte. Mira selbst stand zunächst dem Haushalt vor. Dann begann sich so etwas wie ein Ashram, eine geistliche Siedlung um Aurobindo und um die «Mutter», die sie nun für alle war, zu bilden, dies vor allem als Folge des größeren, ständig anwachsenden Zustroms von Schülern. So zog sich denn die «Mutter» für eine lange Zeit in die Abgeschlossenheit zurück, um sich weiter im Yoga zu vervollkommnen. Kurz nach Aurobindos Geburtstag im Jahre 1926 übertrug Aurobindo ihr die Gesamtleitung des Ashrams, während er sich bald darauf in die Abgeschiedenheit seines Zimmers im ersten Stock des Ashram-Hauptgebäudes zurückzog, das nun das eigentliche Heiligtum des Ashrams wurde. Hier blieb er mehr als zwanzig Jahre, bis 1950, und schlug seine inneren Yoga-Schlachten; für seine Schüler war er nur durch die «Mutter» oder schriftlich erreichbar, für die Welt nahezu unsichtbar; nur an einigen wenigen großen Tagen trat er hervor und

zeigte der Jüngerschar und den vielen Besuchern von überallher ein mehr und mehr verwandeltes Antlitz.

Die «Mutter» steht der Ashram-Gemeinschaft noch heute vor. Den Ashram zu übernehmen, schloß eine doppelte Aufgabe ein, eine äußere organisatorische und eine innere seelsorgerliche, die natürlich nicht nur auf eine Vermittlung zu Aurobindo hin hinauslaufen konnten, sondern von Mira eigene Fähigkeiten zur Führung im Yoga verlangte. Wie die «Mutter» die erste Aufgabe löste, zeigt der heutige Ashram, der sich mit seinen weit über tausend Angehörigen zum größten und modernsten Indiens entfaltet hat. Das Hauptgebäude, das in seinem gepflegten gartenartigen Innenhof das Grabmal oder den Samadhi Aurobindos birgt, und das schon erwähnte Bibliotheksgebäude sind die stattlichsten Bauwerke. Danach ist Golkonda zu nennen, das geräumige, in der Bauweise dem Klima angepaßte Gästehaus. Seine aus schön geformten Zementplatten bestehen-

*Die «Mutter» auf dem Tennisplatz*

den Wände sind dem Wetter entsprechend verstellbar. Golkonda ist ein in modernen architektonischen Formen errichteter östlicher Musterbau. Der Ashram enthält ferner Küchen mit Speisesälen, übrigens auch ein hotelartiges Gästehaus für westliche Besucher. Dem Ashram angeschlossen sind verschiedene mechanische Werkstätten, eine Eisengießerei, eine Zementfabrik und andere fabrikartige Betriebe, dazu eine Bäckerei, eine Weberei, eine Gärtnerei und eine Farm. Die eigene Druckerei widmet sich vornehmlich der Herausgabe der Schriften Aurobindos; die Fotoanstalt illustriert sie. Klinische Einrichtungen sind vorhanden. Man verfügt über eine vielbesuchte Schule; ihr ist ein internationales Universitätszentrum angegliedert, das nicht nur die Philosophie Aurobindos lehrt, sondern sie zu einem Medium der inneren Ausrichtung in den verschiedensten Disziplinen werden lassen will. Dieses Universitätszentrum gibt seit 1953 die gesammelten Werke Aurobindos in schöner Ausstattung heraus. An ihrer gelben Farbe sind die vielen über die Stadt verstreuten Häuser des Ashrams erkennbar, in denen die Sadhakas wohnen. Jeder Kasernierung ist man abhold. Man besitzt musterhafte Sportplätze, denn dem Sport wird im Ashram-Leben eine zentrale, letztlich dem Yoga dienende Rolle zuerkannt. Und das entspricht der Aufmerksamkeit, die Aurobindo dem Leiblichen in seinem Yoga widmet. Eine besondere Anziehung übt der eigene, gut hergerichtete Badestrand mit einem Tennisplatz und anderen sportlichen Einrichtungen aus, denn das Klima ist keineswegs besonders günstig, sondern feucht und heiß. Jahrelang spielte auch die «Mutter» Tennis; auf dem Tennisplatz pflegten sich die Besucher einzufinden, die sie sehen wollten. Auch Turnhalle, Turnplatz und Schwimmbassin sind vorhanden. Dazu sind in den letzten Jahren eine Reihe anderer industrieller Erweiterungen und auch Siedlungen gekommen, so besonders der «Lake Estate», eine an einem See gelegene Besitzung, auf der moderne und großzügige Bauten entstehen.

Nicht nur entwickelt hat die «Mutter» den Ashram, sie hat ihn eigentlich gegründet. Aurobindo versichert im Hinblick auf seinen früheren, nach Männerart recht und schlecht geführten Haushalt und den seinerzeit losen Schülerverband: *Erst einige Zeit, nachdem die Mutter aus Japan gekommen war, nahm unsere Gemeinschaft die Form eines Ashrams an. Und das entsprang mehr dem Wunsch der Sadhakas, die ihr ganzes inneres und äußeres Leben der Mutter anvertrauen wollten, nicht aber einer Absicht oder einem Plan auf ihrer oder Sri Aurobindos Seite.*[75]

Man kann natürlich fragen, warum es so viel äußere Geschäftigkeit in einem Ashram gibt, der sich doch inneren Anliegen zuwenden sollte. Doch Aurobindo macht es immer wieder klar, daß er auf einen Ashram im traditionellen Sinne, also etwa auf eine Einsiedelei von Asketen, keinen Wert legt. Der Ashram ist ein *Experimentierfeld* eines besonderen Yoga und nimmt darum notwendig untraditionelle, eigene äußere Erscheinungsformen an. Und eben dies entspricht dem Wesen seines Yoga, daß er auf äußeres Werk, auf Werk in der Welt durchaus Gewicht legt. Die alten drei Yoga-Wege des Werkes, der Hingabe und des Wissens sind nicht einfach beiseite geschoben, sondern in einer neuen *Synthesis des Yoga* vereinigt. Aller Werke oberstes Werk bleibt selbstverständlich der Yoga selbst. Aber eben diesem Yoga soll äußeres Tätigsein funktionell dienen und so zugleich Ausdruck inneren Werdens sein.[76] Werk-Scheuheit ist ihm darum zumeist Yoga-Scheuheit. Von der Hingegebenheit an objektive Aufgaben und ihre Funktion für den Yoga sagt Aurobindo: *Eine Konsekration des pragmatischen Willens ist gefordert. Diese Konsekration des Willens, die in Werken zum Ausdruck kommt, schreitet so voran, daß sie den bloßen Ich-Willen und die Macht des bloßen Wunschmotives gradweise eliminiert. Das Ich ordnet sich einem höheren Gesetz unter und löscht sich schließlich selbst aus. Es scheint nicht mehr zu existieren, oder es existiert doch nur, um einer höheren Macht und einer höheren Wahrheit zu dienen, um den eigenen Willen dranzugeben und als ein Instrument für Gott zu handeln. Am Ende dieses Weges langt man bei einem Bewußtsein an, in dem man die höhere Kraft und Gegenwart in sich handeln fühlt, alle Handlungen bewegend und regierend.* Diese schöpferische Metaphysik des hingegebenen, aber Gott hingegebenen Werkes, das den Tätigen über sich selbst hinausführt, hat einen festen Platz in Aurobindos Denken und nimmt in ihrer Weise den Wahrheitskern des alten

Karma-Yoga auf. Zuletzt aber steht hinter dieser Anschauung ein neuer (jedenfalls von Indien her gesehen neuer) Gottesbegriff: Gott strömt die Freude seines Schaffens in Werken und durch ihn Tätige aus: *Wer Gott liebt, ist göttlicher Arbeiter. Auf diese Weise breitet Gott die Macht seines Seins aus. In seinen Kräften und deren Zeichen finden wir ihn, denn der in Werken sich bekundende göttliche Wille ist das Ausströmen des Göttlichen in der Freude seiner Macht, das Ausströmen des göttlichen Seins in der Freude seiner Kraft.*[77]

Wie aber löste die «Mutter» die andere Aufgabe, die Leitung und Führung der Sadhakas? Um diese Frage vollständig zu beantworten, müßte eigentlich eine eigene und ausführliche Biographie ihrer Persönlichkeit geschrieben werden, die im Laufe der Zeit geradezu die der Öffentlichkeit zugewandte Seite Aurobindos selbst wurde. Hier kann nur angedeutet werden, wie sie sich dieser Aufgabe stellte. Welche Voraussetzungen sie zu ihrer Bewältigung mitbrachte, mag die folgende Selbstäußerung der «Mutter» veranschaulichen: «Wenn ich die Menschen ansehe und mich mit ihnen beschäftige, dann habe ich den Willen – ich will nicht sagen, daß es immer möglich ist, aber immerhin, ich habe den Willen –, sie in ihrem psychischen Sein zu sehen, ihr Ideal, was sie tun, was sie werden möchten – das will ich festhalten und an die Oberfläche bringen. Was ich sehe, versuche ich vordergründig zu machen. Und wenn ich Fragen an jemanden richte, dann geschieht das, um die Differenz zwischen dem, was ich sehe, und dem, dessen er sich bewußt ist, festzustellen. Das tue ich ständig. Es besteht ein gewaltiger Unterschied zwischen dem, was du von dir selbst weißt, und dem, was ich von dir weiß. Was ich von dir weiß, ist offenbar das, was du werden solltest. Wie gesagt, der Graben ist weit zwischen dem, was du von dir selbst weißt und was dir aktiv bewußt ist, und dem, was du in Wahrheit in deinem Sein bist. Sehr, sehr wenige sind innerlich gewahr, was sie werden möchten und was die Wahrheit ihres Seins eigentlich ist. Wie widersprechen doch die brutalen Fakten täglicher Aktivität jener inneren Imago, die ich mir mache und die ansagt, was jeder von euch sein sollte. Mit aller Macht meines Bewußtseins halte ich diese Imago stets intakt, damit ihr sie realisieren könnt. Das seid ihr, das ist euer eigenstes Selbst – nicht dieses unwissende, dumme, unaufrichtige, unehrliche Wesen, das ihr Selbst nennt.»[78]

Welche Wandlungskraft psychologischer, psychischer, bewußtseinsmäßiger oder religiöser Art von der Führung der «Mutter» während all der Jahrzehnte ausgegangen ist und ausgeht, das bezeugen viele Sadhakas. Lange Zeit spielte unter anderem die abendliche «Parade» eine wichtige Rolle. Nach Beendigung des Sports zogen alle Ashram-Insassen auf dem Turnplatz an der «Mutter» vorbei, um Prasad zu empfangen. Prasad ist ursprünglich im Hinduismus die Gabe der Gottheit, die im Tempel empfangen wird, das heißt, der Priester gibt einen kleinen Teil der Opfergaben nach Berührung mit dem Götterbild an den Opfernden zurück. Dann wird das Wort auch in einem erweiterten Sinn für jede feierliche Gabe verwendet. Beim Vorbeiziehen vor der «Mutter» bestand die feierliche Gabe in einer Süßigkeit, einer Frucht oder etwas Ähnlichem. Ihr Sinn war Festigung des persönlichen Kontaktes mit der «Mutter» und in vielen Fällen Übertragung von schöpferischen, weiterführenden Bewußtseinszuständen oder Impulsen. Aurobindo warnt freilich immer wieder davor, sich etwa nur auf die «Mutter» zu verlassen und ihr einfach helfende Kräfte *abzusaugen*. In diesem Zusammenhang darf als einer besonderen Eigentümlichkeit der Blumenzeremonie gedacht werden. Die «Mutter» pflegt den bei ihr zur Aussprache Erscheinenden am Schluß jeweils eine Blume zu überreichen. Indische Blumen haben hier einen genau nuancierten Symbolwert, den jeder Insasse gut kennt. Die Darbietung einer bestimmten Blume entspricht dem inneren Werdezustand des jeweiligen Sadhaka und ist zur Bestätigung, zum Antrieb, zur Weisung eines weiteren Zieles usw. gemeint. Der den Blumen hier zuerkannte Symbolwert entspricht den Symbolbedeutungen, von denen die Tiefenpsychologie bei gleichen, in den Träumen auftauchenden Phänomenen spricht. Im Gemeinschaftsleben des Ashrams wird neben dem Tanz besonders das Drama gepflegt, stets mit deutlich sichtbarer esoterischer Zielsetzung, so daß man von Mysterienspielen des Yoga sprechen könnte. Aber auch weltlichere Darbietungen wie die vielen Sportveranstaltungen oder geeignete Filmvorführungen sind beliebt.

Wir sprachen von einem dritten konsolidierenden Faktor und nannten die innere Entwicklung Aurobindos, die bald viele Bewunderer fand, doch auch heftige Kritiker. Diese Kritiker kamen aus dem politischen Lager. Hatte er sie nicht verlassen, war er nicht in eine beschauliche Einsamkeit geflüchtet? Deutlich sprachen sie diese Vorwürfe aus, zumal sie sahen, daß Aurobindo sich zu keiner Teilnahme an den großen politischen Treffen bewegen ließ, so oft er auch eingeladen wurde. Fühlte er sich nunmehr über alle Politik erhaben? Auf einen mit geheimen Vorwürfen durchsetzten Brief antwortete Aurobindo: *Keineswegs blicke ich auf Politik oder politisches Handeln von oben herab. Und ich meine auch nicht, daß ich über sie erhaben sei. Aber das spirituelle Leben hat bei mir immer Vorrang gehabt, und nun beherrscht es mich ganz. Doch meine Idee von Spiritualität hat nichts mit einem asketischen Rückzug oder Abscheu und Verachtung weltlicher Dinge zu tun. Es gibt für mich nichts Weltliches. Alle menschliche Tätigkeit ist für mich eine Angelegenheit, die in ein vollständiges geistiges Leben eingeschlossen werden muß, und die Politik ist heute gewiß sehr wichtig.* In der gleichen Antwort heißt es außerdem: *Mit einem und nur einem einzigen Ziel trat ich in die Politik ein und blieb ihr während der Jahre 1903 bis 1910 treu, nämlich weil ich im Geiste des Volkes den Willen fest einwurzeln wollte, nach Freiheit zu streben und für sie zu kämpfen; so wollte ich die nutzlosen und hinkenden Kongreß-Methoden ersetzen, die damals an der Tagesordnung waren. Das ist jetzt geschehen. Der Wille ist da, und eine Menge starker und befähigter Führer, ihn zu leiten, ist auch da. Ich bin der Meinung, daß der Wille zur Selbstentscheidung*

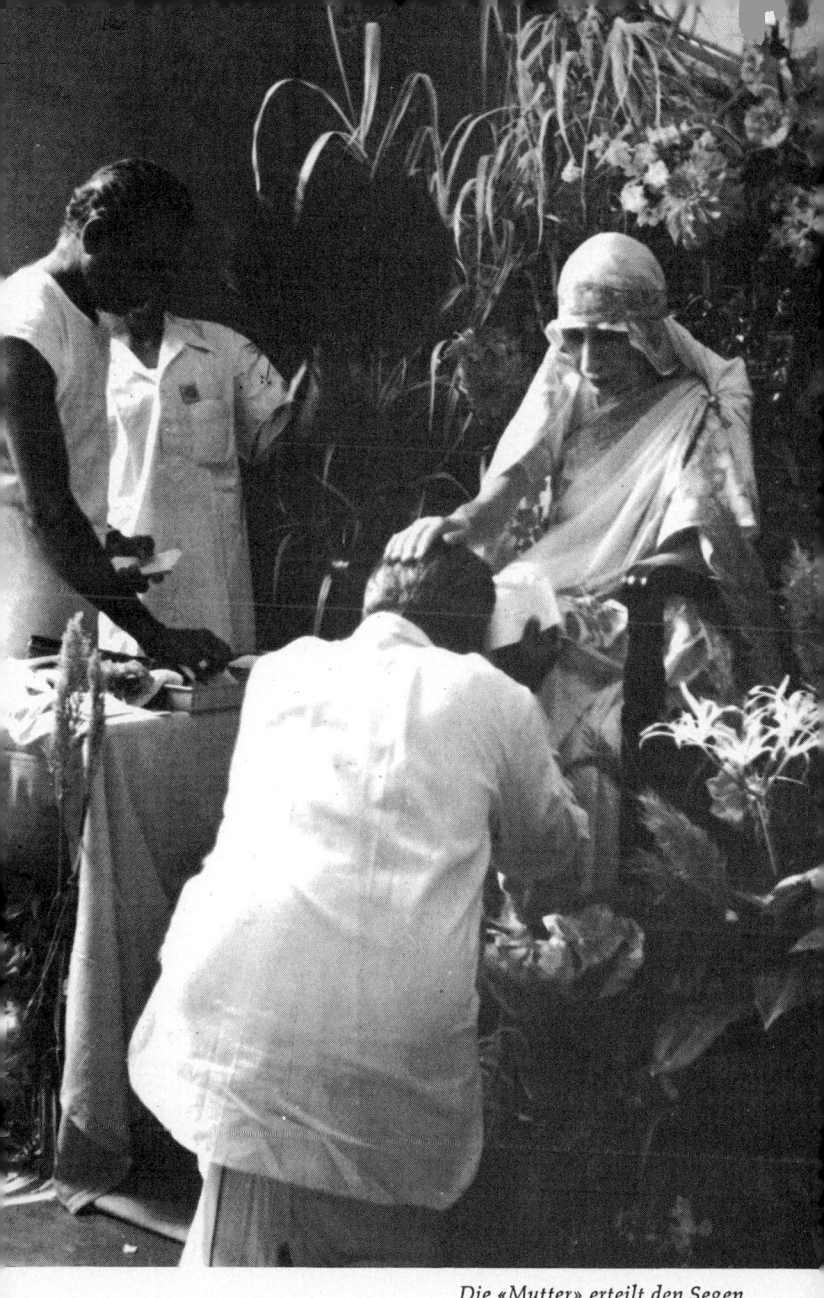

*Die «Mutter» erteilt den Segen*

*Szene aus einem Tanzspiel*

*sich über kurz oder lang durchsetzen muß, wenn das Land seinen gegenwärtigen Geist in Form erhält, und ich zweifle nicht, daß es mit seinem Recht auf Selbstbestimmung anfangen wird. Wozu wird es seine Freiheit gebrauchen? Von welchen Grundsätzen her wird es seine Zukunft bestimmen?* [79] Und darum empfand Aurobindo seine Übersiedlung nach Pondicherry auch durchaus nicht als einen Bruch, mochte auch die Dramatik der äußeren Geschehnisse noch so sehr dafür sprechen. Der Kampf um die Freiheit, nun freilich auf höherer und universellerer Ebene, ging einfach weiter, der Kampf um jene innere Freiheit, die alle äußere Freiheit erfüllen muß und sie erst wesentlich macht. Um jene innere Freiheit erweiterten Menschentums zu erringen, mußte er freilich eine Zeitlang *seine einsame Furche ziehen*, das heißt seine eigene Seelengeschichte und ihre Intentionen vollenden. Alle Yoga-Philosophie aber ist nur deren Reflex. Diese Yoga-Philosophie kann hier nicht in umfassender systematischer Ausführlichkeit dargestellt werden, sondern nur insofern, als sie den äußeren und inneren Lebensvollzug Aurobindos unmittelbar reflektiert.

# DER NEUE YOGA

Aurobindos *integraler Yoga* ist neu. Wenn er das nicht wäre, *dann würde ich meine Zeit nicht damit vergeudet haben, in dreißig Jahren des Suchens und der inneren Schöpfung neue Pfade auszuhauen, wenn ich doch sicher und behütet an mein Ziel heimgelangen konnte, in einem leichten Trab, über Wege, die schon freigesprengt, gerichtet, beschottert, sicher, der Öffentlichkeit freigegeben und auf der Karte wohl verzeichnet sind.*[80] In einem anderen Bilde vergleicht er seinen Yoga mit einem *Laboratorium*, in dem Entdeckungen gemacht werden. Sein Yoga-Weg stellt einen *Kampf* um etwas noch nicht Dagewesenes, um etwas zu Erringendes dar. So hat Aurobindo wohl das Feld seines Einsatzes vertauscht, aber seinem Charakter ist er treu geblieben. *Mein Leben ist seit meinen frühen Jahren ein Kampf gewesen, und das ist es noch. Die Tatsache, daß ich diesen Kampf jetzt von einem im ersten Stock gelegenen Zimmer aus und mit geistigen Mitteln austrage, macht im Hinblick auf seinen Charakter keinen Unterschied.*[81] Und wenn es nun gar zu dem Anspruch kommt, daß dieser Yoga nicht nur neu sei, sondern sogar über das Wissen der alten Weisen und Seher hinausgehe, dann *gibt es natürlich einen allgemeinen Aufschrei gegen eine so unverzeihliche Anmaßung*[82]. Aber in aller Sachlichkeit kann Aurobindo nur feststellen: *Ich habe niemals etwas über diese Dinge,* von denen sein Yoga spricht, *von anderen gehört, bevor ich sie nicht in meiner eigenen Erfahrung gefunden hatte.*[83] Keineswegs behauptet er jedoch, daß sein gesamtes Yoga-Denken in allen seinen Teilen und Einzelheiten wie ein Wunder aus dem Nichts kommt, das heißt ohne jede historische Verknüpfung ist. Gleichwohl ist im Hinblick auf die Methode oder das Vorgehen und auf das Gesamtziel der integrale Yoga etwas Neues.

Auf die Frage, worin die Neuheit der Position Aurobindos besteht, heben wir vier Gesichtspunkte hervor. Diese vier grundlegenden Charakteristika sind aber wiederum nicht als eine detaillierte Darstellung seiner Yoga-Philosophie gemeint, sondern viel eher als eine Charakteristik Aurobindos selbst, als Kennzeichnung des inneren Weges, den er geht, und der Freiheit, die er sich erringt, wobei er die traditionellen Fesseln der indischen Denktradition sprengt. Der universelle Beitrag, den er zum Problem des Menschseins zu leisten vermag, wird von selbst deutlich, besonders der Beitrag zum Problem der Bewußtseinserweiterung, denn Yoga bedeutet für ihn grundsätzlich *in ein Bewußtsein hineinzugelangen, in dem man nicht mehr durch das enge Ich eingegrenzt ist*[84]. Das alles ist unmittelbar selbstbiographisch, denn Aurobindo spricht von keinem Schritt oder Grad solcher Bewußtseinserweiterung, den er nicht selbst erschritten, den er nicht selbst vollzogen und erfahren hätte.

Was Aurobindos Yoga in der Tat zu einem untraditionell neuen Yoga macht, ist zuallererst der Begriff der *Herabkunft*. Er ist ein Schlüssel zu seinem ganzen Denken. Alle Bewußtseinserweiterung, alles wesenhafte Werden, alle *Transformationen* des empirischen

*Aurobindos Zimmer, in dem er rund drei Jahrzehnte verbrachte*

Menschen sind bedingt durch ein Sicherschließen höherer Bewußtseinsmächte, des höheren Geistes, der tiefer geschauten metaphysischen Realität oder der Gnade, wie Aurobindo auch sagt, ohne sich damit die Theorie einer Gnadenreligion anzueignen. Sein Weg bleibt geistig oder gnostisch. Die klassischen Yogas sind demgegenüber Wege des einseitigen *Aufstieges*. Der Yogin realisiert schrittweise den Atman, sein wesenhaftes Selbst, um im gleichen Maße der Welt, dem Stoff oder der Prakriti und seiner eigenen, nur irdischen Existenz zu entwachsen. Und am Ende geht er in Brahma, Vaikuntha, oder sonst einen Himmel, oder aber ins Nirwana ein. Auf diesen Wegen bleibt der Yogin im Grunde nur der mit sich selbst und seinen Möglichkeiten beschäftigte Mensch, der er potentiell immer schon ist, nämlich das mit dem Urgrund des Seins identische *Partikelchen*, das, aus dem Absoluten stammend, seine wesenhafte Mitgift darstellt. Auf dem Wege des Yoga-Prozesses wird dieses nur von den Trübungen der Sinnlichkeit, des Weltverhaftetseins und der Unwissenheit befreit. Bei Aurobindo stehen wir grundsätzlich nicht vor dem Menschen, der nur bei sich und seinen eigenen Möglichkeiten bleibt. Aurobindos Yoga spricht von dem, was in den Menschen hineingreift, was zu dem gegebenen Ich oder auch Selbst als ein ganz und gar Übersubjektives und Transsubjektives hinzukommt, was als reale dynamische Macht und Wirklichkeit sich offenbart, nie aber schon im natürlichen Besitz des Menschen ist. Sein Yoga meint das, was kein Ohr gehört und kein Auge gesehen hat, was auch in keines natürlichen Menschen Sinn gekommen ist. Der Aufstieg, das eigene Werke-Tun, die Selbstbereitung und die Methode sind nicht alles; die Herabkunft ist eine notwendige Bedingung, ohne die es keinen legitimen Aufstieg gibt, sondern nur ein bleibendes Befangensein im selbstherrlichen Autonomiewahn. Keine Bewußtseinserweiterung ohne einen neuen Impuls, kein Werden ohne ein Empfangen, kein Sichweiten des Geistes ohne ein Eingreifen dessen, was der Mensch nicht schon hat. Darum ist die erste Grundfunktion in Aurobindos Yoga *sich überantworten*, das heißt sich wirklich ausliefern und mit dem Geöffnetsein ernst machen. Und die zweite Grundfunktion ist *sich öffnendes Vertrauen*, Vertrauen der höheren Macht gegenüber, die eingreifen will. Und die dritte Grundfunktion lautet, *beiseite treten*, das heißt diese Macht wirklich und wahrhaftig wirken lassen und ihr nicht doch wieder hindernd in den Weg treten.[85]

*Zu einer größeren Vollendung kann man nur dadurch gelangen, daß eine höhere Macht hereintritt und das gesamte Handeln des Menschen in ihre Hand nimmt. Die zweite Stufe dieses Yoga besteht deshalb darin, alles Handeln der Natur beharrlich in die Hände dieser größeren Macht zu legen, ihren Einfluß, ihre Besitzergreifung und ihr Wirken an die Stelle der persönlichen Anstrengung treten zu lassen, bis Gott, zu dem wir streben, der direkte Herr des Yoga wird und selbst die gesamte geistige und ideelle Wandlung unseres Seins bewirkt.*[86] Man ist geradezu versucht, von einem protestantischen Element bei Aurobindo zu sprechen, wenn man ihn derart starke Akzente auf das Empfangen und die grundsätzliche Bedeutung der Gnade setzen sieht. Besonders ist ihm das flache, unkomplizierte Heilstreben als sublimiertes Ego-Streben höchst verdächtig. Nur wenn das Sichöffnen und Sichhinwenden motivlos wird, das heißt überhaupt und ganz von allen offenen oder geheimen Bedingungen absieht, ist es echt: *Lege dich mit deinem ganzen Herzen und all deiner Kraft in Gottes Hände. Stell keine Bedingungen, bitte um nichts, nicht einmal um Vollkommenheit im Yoga, um überhaupt gar nichts, außer um das eine, daß in dir und durch dich sein Wille direkt getan werden möge. Denen, die etwas von ihm wollen, gibt Gott, was sie wollen. Denen aber, die sich selbst geben und nichts verlangen, gibt er alles, worum sie sonst vielleicht gebeten oder was sie gebraucht hätten. Und sich selbst und die spontanen Gaben seiner Liebe gibt er noch dazu.*[87] Indem der Mensch *sich dem Höchsten ganz überantwortet und sich selbst ihm gibt, ist es doch er selbst, der sich selber vollkommen findet, indem er sich vollkommen opfert.* Das ist nicht nur die schöpferische Spontaneität des Urgrundes alles Seins oder Gottes, die an die Wesenszüge der Agape im Neuen Testament erinnert, das ist ebenso die Paradoxie von Hingabe und Freiheit, wahrem Sichgeben und wahrem Sichfinden, die aller tieferen Psychologie, Erkenntnis, Metaphysik und vollends aller wahren Religion eigen ist. Der Yoga will aber speziell, daß man diese Haltung des motivlosen Geöffnetseins und des vertrauensvollen Sichgebens wahrhaft und habituell einübt: *Man muß es sich tatsächlich zur Gewohnheit werden lassen, sich diesen hilfreichen Kräften zu öffnen und sie entweder passiv zu empfangen oder aktiv von ihnen zu nehmen, denn beides kann man tun. Es handelt sich darum, daß du dein Bewußtsein gewöhnen mußt, mit diesen hilfreichen Kräften in Verbindung zu kommen und mit ihnen in Verbindung zu bleiben, und du selber mußt dich auch an diese Zielsetzung gewöhnen.*[88]

*Über uns und um uns herum ist die All-Stärke da, und sie ist es, auf die wir uns bei unserem Werk, bei unserer Entwicklung und unserem umgestaltenden Wandel zu stützen haben. Wenn wir mit Glauben an unser Werk voranschreiten, mit Glauben an unser Instrument-Sein für das Werk und mit Glauben an die Macht, die uns in ihre Mission nimmt, dann fließt uns selbst im Akte des Erprobtwerdens Stärke zu.*[89] – *Alles übrige ist Sache der göttlichen Gnade, auf die man sich fest verlassen muß. Eigenes Verdienst, Tugend oder Vermögen sind es nicht, die die Verwirklichung bringen.*[90] Worauf es elementar in diesem Yoga ankommt, ist die rezeptive Geöffnetheit, die Aufrichtigkeit des Strebens, das immer stärkere Ausscheiden der bloßen Egoität, das Nichtzufriedensein mit dem, was man schon ist oder erreicht hat, das Empfangen-Wollen. Es ernsthaft und immer entschiedener wirklich wollen, das ist nach diesem Yoga A und O nicht nur jedes höheren wesenhaften Strebens, sondern auch jedes umfassenderen Erkenntnisaktes. *Man muß sagen: Aufrichtig will ich Gott, und mein Erfolg ist gewiß. Nun habe ich nämlich nur mit allem Vertrauen voranzugehen, und seine eigene Hand wird mich auf verborgene Weise zu ihm selbst hinführen, auf seine Weise und zu seiner Zeit.*[91]

In dem Begriff Herabkunft klingt übrigens das Sanskritwort Avatara wieder, das nichts anderes als Herabstieg oder Herabkunft bedeutet. Aber Aurobindo legt sich, wie ersichtlich, in keiner Weise auf die überlieferte Avatara-Konzeption fest. Sodann sind hier zwei Wendungen vollzogen, die, vom Aurobindo der früheren Jahre her geurteilt, Wandlungen von offenbar tiefgreifender Bedeutung sind. Erstens ist die eindeutige Wende zur Theonomie vollzogen. Jetzt ist von Vorspanndiensten, die der Yoga für außer ihm liegende Zwecke zu leisten hätte, ganz und gar nicht mehr die Rede. Und auch das blasse Ideal eines Dienstes an der Menschheit ist überwunden. Er gehört jetzt nicht mehr in die Kategorie all jener humanen, kulturellen, idealistischen und überhaupt philosophischen Zielsetzungen, die doch immer nur den Menschen und weiter nichts meinen und darum als die *beharrliche Bewegung im Kreise herum* charakterisiert werden. *In diesem Yoga wird erwartet, daß man über alle mental idealistische Kultur hinausgeht. Ideen und Ideale gehören dem gegebenen Geist an und sind nur Halbwahrheiten. Und auch der Geist ist öfter nicht lediglich damit zufrieden, daß er ein Ideal hat, auch nicht mit dem Vergnügen, daß er mit Idealen spielt, während freilich das Leben immer dasselbe bleibt, untransformiert und ungewandelt, oder doch nur ein wenig gewandelt, und das auch meistens nur an der Oberfläche.* Um einen tiefergreifenden und umfassenderen Vorgang einzuleiten, bedarf es *der Gotteskraft*[92], die allein eine *Bekehrung des gesamten Seins hervorzubringen vermag.*

Die Tatsache, daß Aurobindos Sprache häufig religiös gefärbt ist, darf uns keinen Augenblick dazu verleiten, ihn in einem verengenden Sinn als «nur-religiös», hinduistisch, mystisch oder sogar auch christlich zu verstehen. Wir müssen uns der deutlichen Versicherung erinnern: *Ich möchte sagen, daß es ganz und gar nicht mein Anliegen ist, irgendeine alte oder neue Religion für die Zukunft der Menschen zu propagieren.*[93] Das geschieht auch im Sri Aurobindo Ashram in Pondicherry nicht. Vergebens suchen wir hier hinduistische Tempel, Murtis, Götterbilder. Denn Aurobindo denkt über Hinduismus als Religion und Praxis genauso skeptisch wie über alle anderen Religionen. Sie alle sind in der gegenwärtigen Krise oder Entwicklungsstufe der Menschheit ein wenig in ihrer Farbe *verblichen* und haben teil an der allgemeinen Erschöpfung der Bewußtseinslage, ja, sie sind ihr eindrucksvollstes Symbol. Was Aurobindo im übrigen skeptisch über die Rolle der historischen Religionen urteilen läßt, ist zum einen ihr Konservativismus, der in fast allen Zeiten zu einem die Entwicklung retardierenden Element geworden ist. Diesem Gesichtspunkt widmet er ausführliche kirchengeschichtliche und kulturhistorische Betrachtungen. Zum anderen sieht er in dem Historischwerden und dem Prozeß der gesellschaftlichen Konsolidierung einer Religion eine innere Verengung zugunsten äußerer Norm. Damit ist der Möglichkeit echten Fortschritts ein empfindlicher Schlag versetzt, denn die unveräußerliche Freiheit des Individuums, der erste Garant allen Fortschrittes, ist angetastet. Darum sagt er: *In der Spiritualität müssen wir das leitende Licht und das harmonisierende Gesetz sehen, aber in der Religion nur insoweit, als sie sich mit der Spiritualität identifiziert. Solange sie hinter der Spiritualität zurückbleibt, ist sie nur eine menschliche Aktivität neben anderen, und selbst wenn man sie für die wichtigste und machtvollste hält, kann sie andere doch nicht voll leiten. Wenn sie die Menschen ständig in die Grenzen eines Credo, eines unveränderlichen Gesetzes oder eines bestimmten Systems zu bannen sucht, dann muß die Religion darauf gefaßt sein, daß die Menschen gegen ihren Bann revoltieren. Wenn sie solchen Druck auch eine Zeitlang hinnehmen und sogar großen Nutzen davon haben, müssen sie schließlich doch zu dem Gesetz ihres eigenen Seins, zu einer freieren Aktivität und einer unbehinderten Entwicklung sich hinbewegen. Spiritualität respektiert die Freiheit der menschlichen Seele, denn sie erfüllt sich selbst durch Freiheit, und die tiefste Bedeutung der Freiheit ist diese: Sie ist die Macht, sich zur Vollendung hin zu entfalten und ihr entgegen zu wachsen, entsprechend dem Gesetz der eigenen inneren Natur oder dem eigenen inneren Dharma.*[94] Wenn hier von Norm und Gesetz auf der einen Seite und Wachsen nach den Maßen der eigenen inneren Natur auf der anderen Seite gesprochen wird, so ist selbstverständlich nicht der Gegensatz von Autonomie und Theonomie gemeint. Vor solcher Fehlinterpretation bewahrt uns Aurobindos Begriff der Herabkunft und die Rolle, die dieser Begriff im Ganzen seines Yoga spielt. Aber die Antwort auf die tieferen Intentionen zur freien Selbstentfaltung soll nicht die Forderung zur Unterwerfung unter die Autorität sein.

Dadurch soll deutlicher werden, daß Aurobindo mit seinen Gedanken nicht der Herabkunft einer konkreten Religion, etwa der Bhakti-Religion Indiens, das Wort reden will, sondern daß er diese Aussagen ebenso universell wie geistig meint. Sein Yoga ist dadurch charakterisiert, daß er weniger ein Handeln als ein Gehandeltwerden ist, eine Integration oder Transformation aus sich erschließender Transzendenz. Alles Vollkommenheitsstreben jedoch, das nicht zu diesem Punkt vordringt, ist ihm eine nur-humane oder nur-ethische Angelegenheit und gehört, zumal in der gegenwärtigen Bewußtseinskrise, in die Kategorie der *beharrlichen Bewegung im Kreise herum.*

Gerade die um den Begriff der Herabkunft kreisenden Gedanken zeigen uns die Struktur, die diesem Denken eignet, jedoch noch ein wenig präziser. Es ist Denken in der Relation: subjektives Wesensstreben – transzendente Realität. Es geht offenbar von der Voraussetzung aus, daß die Macht tatsächlich da ist, die den Menschen aus der Kreisbewegung um sein eigenes Ego herausführen kann und will. Krisen der Wissenschaft und der Kultur beruhen letztlich auf Glaubenskrisen. Glaubenskrisen entstehen nicht schon dadurch, daß die Berechtigung einer kirchlichen Form oder einer speziellen kirchlichen Aussage der zweifelnden Kritik ausgesetzt wird. Glaubenskrisen bedeuten eigentlich, daß die transzendente Realität selbst dem

*Aurobindo in seinem Zimmer, 1950*

Zweifel verfällt. So erst entsteht das viel besprochene weltliche Bewußtsein des Westens. Diesem weltlichen Bewußtsein müssen die Aussagen Aurobindos märchenhaft erscheinen, wie umgekehrt die philosophischen Aussagen des weltlichen Bewußtseins, etwa des modernen Existentialismus, für Aurobindo nichts als eine selbstquälerische Form der Dekadenz sind. Wenn hier der Mensch sein Schicksal wie Sisyphus seinen Stein in trotzigem Heroismus den Berg wieder hinaufstemmt, wie oft er auch herunterrolle, eben weil es *sein* Stein ist, dann würde Aurobindo diese grundsätzliche Haltung indisch nur als *Unwissenheit* bezeichnen, als *Leugnung des Geistes, seiner Fülle und Macht, eine Ungeduld mit den Wegen Gottes in der Welt, einen ungenügenden Glauben an die Weisheit und den Willen Gottes, der diese Welt geschaffen hat und immerdar leitet. Das ist das Eingeständnis einer falschen Vorstellung von der göttlichen Weisheit und Macht und kann darum nicht die letzte Weisheit des Geistes und seiner Macht selbst darstellen, nach der die Welt als Führung doch Ausschau hält, damit ihr gesamtes Leben dem Göttlichen näher kommt.*[95] Die transzendente Realität ist für Aurobindo eine existentielle Gewißheit und ebenso eine Erfahrungstatsache; nicht ein naiver Glaube, sondern eine kritischer Selbstanalyse standhaltende Tatsache eigener Evidenz. Es sei völlig nutzlos, bemerkt er einmal, ihn in einen *Disput über Gott* hineinziehen zu wollen[96]. Und so meint er denn in allen seinen Aussagen eine transzendente Realität, ein wirkliches Gegenüber, ein dynamisches Gegenüber von Ich und Du.

Sicher sind die Erfahrungen in Alipur und die nach Chandernagore und Pondicherry weisenden Rufe an Aurobindo verantwortlich für die geschilderte Wende. Und was auch immer zu der psychologischen Genese dieser entscheidenden Erfahrungen zu sagen sein mag, der Absolutheits- und Unbedingtheitsakzent, den sie hatten, war etwas völlig anderes als ein Selbsterlebnis. Und das besagt schlicht formuliert: Aus einer Existenz, in der nichts Außerordentliches geschieht, kann auch nichts Außerordentliches folgen. Die Herabkunft muß geschehen, bezeugt Aurobindo, wenn Aufstieg und Weitung möglich werden sollen.

Aurobindos Yoga-Denken ist zweitens prinzipiell in eine personale Relation gespannt. Gott ist nicht ein Es, er ist *Er*. Das erklärt er ungezählte Male. Und dieser Personalismus schlägt keineswegs in Impersonalismus um, wie wir das so oft bei indischen Denkern finden. Freilich ist Gott nicht Person nach unserem Schnitt und Maß; metaphysischer Personalismus würde auf diese Weise nichts als projizierender Anthropomorphismus sein. Umgekehrt, es kann von menschlichem Personsein erst gesprochen werden, wenn einer in Gott Person geworden ist und aus Gott erfahren hat, was Personsein eigentlich heißt. Gott, so sagt Aurobindo darum, ist *Überperson*, der *Grund aller Personalität* [97]. In der Mensch-Gott-Relation wird der Mensch zur Person. Geschichtlich richtet sich seine betonte Akzentuierung des Personbegriffes Gottes gegen die impersonale indische Mystik. *Nach dem Unpersönlichen zu streben, das ist der Weg derer, die dem Leben entrinnen wollen, und meistens versuchen sie das nur kraft ihrer eigenen Bemühungen.* [98] So gehen Impersonalismus und Autonomiestreben zusammen, und beide machen die gesamte Position für ihn unannehmbar. Und im übrigen hatte er es einfach selbst erlebt, daß das Überwältigtwerden vom impersonalen Brahma keineswegs ein *kulminierendes Finale* war, sondern im Gegenteil der erste Anfang des Eigentlichen. Dieses Eigentliche der weiteren Entwicklung aber zeigt und sagt ihm, daß jedes Aufgehenwollen im unpersonalen All-Einen faktisch eine metaphysische Unterbietung des Menschlichen ist. Hier scheut die Person die Verantwortung der Mensch-Gott-Relation, um ebenso billig wie verzweifelt in eine metaphysische Entspannung aller Gegensätze unterzutauchen. Die Person aber darf um den Preis ihrer Selbstaufgabe nicht die Entspannung suchen, sondern muß die Verantwortung der Spannungssteigerung in der Gott-Mensch-Relation bejahen. Und wie er gegen den Impersonalismus des mystischen Monismus kämpft, so wendet er sich ebenso und erst recht gegen die dem Individuum und der Person feindlichen Tendenzen der modernen Zivilisationsmächte wie der selbstherrlichen Staaten. Das große Gefälle zwischen geistiger Bewegung und staatlicher Entwicklung vor einigen Jahrzehnten charakterisiert er so: *Hinter den komplexen Tatsachen der Existenz sieht man nur eine große unpersonale Kraft, ein dunkles Werden, und diese entfaltet sich wiederum auf Grund von unpersonalen Einzelkräften und nach unpersonalen Gesetzen. Auf der Oberfläche dieser un-*

...te way they discharge their trust while it is with them, in what spirit what consciousness in their use of it, to what purpose.

In your personal use of money look on all you have or get as the Mother's. Make no demand but accept what you receive from and use it for the purposes for which it is given to you. Be entirely ..., entirely scrupulous, exact, careful in detail, a good trustee; always ...ider that it is her possessions and not your own that you are ...ling. On the other hand, what you receive but for her, lay ...ously before her; turn nothing to your own or anybody else's purpose.

Do not look up to men because of their riches or allow yourself ...impressed by the show, the power or the influence. When you ask ...e Mother, you must feel that it is she who is demanding through you a little of what belongs to her and the man from whom you ask will be ...d by his response.

If you are ... free from the money taint but without ascetic withdrawal, you will have a greater power to command the money ...e for the divine work. Equality of mind, ... the absence of demand the full dedication of all you possess or receive and all your power ...quisition to the Divine Shakti and her work are the signs of freedom. Any perturbation of mind with regard to money and its ... claim, any grudging is a sure index of some imperfection or bondage.

The ideal sadhaka in this kind is one who if required to ...poorly can so live and no sense of want will affect him or interf... the full inner play of the divine consciousness, and if he is requir... ...e richly, can so live and never for a moment fall into desire or ...chment to his wealth or the things that he uses or servitude to self-...gence or a weak bondage to the habits that the possession of riches ... The divine Will is all for him and the divine Ananda.

Aurobindos Handschrift

*personalen Bewegung stellt sich die Persönlichkeit demgegenüber nur als ein nachfolgendes, untergeordnetes, partielles und flüchtiges Phänomen dar. Das alte indische Denken ist meist zu genau denselben Verallgemeinerungen gelangt, mochte es auch vom entgegengesetzten Ende der Gedankenskala ausgehen. Es dachte eine unpersonale Existenz als die ursprüngliche und ewige Wahrheit. Personalität ist nur eine Illusion oder bestenfalls ein Vorstellungsgebilde des menschlichen Geistes.*[99] Aber dieser die Person verkleinernden Tendenz widersetzt sich Aurobindo, um in seiner Kulturphilosophie die Entdeckung des *wahren Individualismus* zu feiern. Das zum Personsein erwachte Individuum darf sich jedoch von keiner Gesellschaft, keinem Staat noch irgendeinem Kollektivismus wiederum entkräften lassen; allen vermassenden Tendenzen hat es zu widerstehen: *Bei der gegenwärtigen Bewegtheit, in die die Menschheit geworfen ist, besteht tatsächlich kaum eine wirkliche Gefahr, den Individualismus so zu übersteigern, daß er etwa das soziale Ganze in die Brüche gehen lassen könnte. Die wirkliche Gefahr ist vielmehr ständig die, daß der übersteigerte Druck der sozialen Masse und ihres schweren, unerleuchteten, bloß mechanischen Gewichtes die freie Entwicklung des individuellen Geistes unterdrückt oder entmutigt. Denn der Mensch als Individuum kann leichter erleuchtet werden, bewußt gemacht werden, klaren Einflüssen geöffnet werden. Aber der Mensch in der Masse ist immer noch in einem verborgenen Dunkel, halb bewußt nur, von allgemeinen Kräften beherrscht, die sich seiner Beherrschung und Kenntnis entziehen.*[100] Und wenn auch am Ziele das *individuelle Ganze* und das *kollektive Ganze* sich harmonisch darin zusammenfinden, daß sie sich weniger durch die äußere als durch die innere Wahrheit gemeinsam leiten lassen, so ist doch beim gegenwärtigen Stande der Evolution vorerst der Nachdruck auf das Selbstrecht des Individuums zu legen. Die Entwicklung in den totalitären Staaten gab Aurobindos Einschätzung der geistigen Situation bald auf tragische Weise recht. Heute würde er bei seiner Hochschätzung des individuell Persönlichen innerhalb des Gesamtzuges der menschlichen Evolution manchen Bundesgenossen finden. Jedenfalls ist Gott selbst *ein Wesen und nicht ein abstraktes Sein oder eine Zuständlichkeit reiner und zeitloser Unendlichkeit. Die ursprüngliche und universale Existenz ist «Er». Gott ist die Person über allen Personen, das Heim und das Vaterland aller Seelen.*[101] Und darum ist der Mensch, die Person von seiner Person, ein so ausgezeichnetes Instrument der Evolution.

Es gibt gewiß keinen zweiten Hindu, der für das Personsein Gottes so prinzipiell eingetreten wäre, der für das Personsein des Menschen mit so prinzipieller metaphysischer Begründung gestritten hätte. Und das war gewiß ein Novum in einem Lande, in dem die unpersonale Mystik als Ideal gilt; heute wird sie mit den Mitteln moderner Apologetik von Sarvepalli Radhakrishnan verteidigt. Aurobindos Denken ist in dieser Hinsicht für den indischen Geist eine Überwindung von zwanzig Jahrhunderten mystischer Vorherrschaft und der hinter ihr stehenden Psychologie. Er selber würde wohl schlichter sagen, daß er mit seinem das Persönliche preisenden Zeugnis sich nur der Mission entledige, die ihm aufgetragen war.

Aurobindos neuer Yoga ist drittens *integral*, und das hebt Aurobindo vollends vom traditionellen indischen Hintergrund ab und macht ihn zu einem Modernen. Dem vedantistisch ausgerichteten Yogin alten Stils wäre es nicht möglich gewesen, von Integration zu sprechen. Hier geht es eher, zugespitzt formuliert, um eine methodische Desintegration. Der Atman wird desintegriert oder aus seinen konkreten Einhüllungen herausgeschält, um dann im endgültigen Zustand der Befreiung alle Hüllen hinter sich zu lassen. Auf diesen Wegen ist der Yogin der Raumrakete vergleichbar, die in Unendlichkeiten abgeschossen, in ihnen verglüht. Wohl kennt man den *Aufstieg*, aber, so sagt Aurobindo bildhaft, man kommt *nicht wieder herunter*, das heißt neue schöpferische Kräfte werden für das Individuum, für Gesellschaft und Welt nicht eigentlich entbunden. Bei Aurobindo gibt es demgegenüber kein Entrinnen in metaphysische Fernen, kein mystisches Versinken oder ekstatisches Entrücktsein. Das Bewußtsein ist nach ihm *nicht auszuschalten, sondern zu entwickeln*. *Der Wachzustand, die Bewußtheit* oder *der denkende Mensch* sind unweigerlich der zentrale Beziehungspunkt. Dem Bewußtsein ist einzugliedern oder anzugliedern, was an Unbewußtem und Überbewußtem bewußt gemacht werden kann. Dem Unbewußten schenkt er im übrigen ausdrückliche Beachtung, besonders in dem Bande *On Yoga II* in der Ausgabe des Universitätszentrums. Seinen Entdeckergeist beschäftigt vornehmlich das Problem des Überbewußten, für das er sehr bald die Bezeichnung *das Supramentale* einführt. Wenn das mannigfach strukturierte Individuum, Bewußtes, Unbewußtes und Überbewußtes, nach seiner eigenen Bezeichnung *integriert* werden sollen, dann darf, trotz aller offensichtlichen Berührungspunkte, nicht der Eindruck entstehen, als ob Integration bei Aurobindo und etwa bei C. G. Jung einfach dasselbe bedeute. Natürlich handelt es sich bei Aurobindo, wie es nicht anders zu erwarten war, um einen eigenständigen Begriff. Die strikte Beziehung auf die Bewußtheit macht aber noch einmal deutlich, wie sehr das Problem der Bewußtseinserweiterung für ihn im Mittelpunkt steht. Von *Reichsphären des Bewußtseins* hat Aurobindo jedenfalls längst vor dem Amerikaner J. B. Rhine gesprochen. Er sagt: *Wie das menschliche Sehvermögen alle Abstufungen der Farbe oder das menschliche Gehör alle Gradstufen des Tones nicht erschöpft, denn es gibt viel darüber oder darunter, das dem Menschen nicht schaubar und nicht hörbar ist, so gibt es Reichsphären des Bewußtseins oberhalb und unterhalb der menschlichen Reichweite, mit denen der normale Mensch keinen Kontakt hat, weswegen sie ihm unbewußt erscheinen, das sind die supramentalen und die untermentalen Reichsphären.*[102]

Diese Konzeption von Integralität muß sich im Interesse der konkreten individuellen Persönlichkeit gegen den asketischen Zug der indischen Religionen speziell wenden. Und in der Tat empfindet Auro-

J. B. Rhine

bindo in dieser Beziehung ein grundsätzliches geistiges Mißbehagen, denn sie alle kämpfen mehr oder weniger den alten Streit zwischen Himmel und Erde, Geist und Fleisch, Seele und Leib. Und sie alle, welche Konzessionen sie auch einräumen mögen, entscheiden sich einseitig für den Himmel, den Geist und die Seele, um Erde, Fleisch und Leib, wie Aurobindo drastisch sagt, zu sterilisieren und zu ertöten. Und dieser Zug zum asketischen Geistmonismus beschränkt sich, wie er wohl sieht, längst nicht nur auf den Osten. Aber all diesen von grundsätzlichen Asketizismus erfüllten Religionen spricht Aurobindo rundheraus die Vollmacht ab, die Evolution der Menschheit in Zukunft zu leiten. *Man kann nicht mit Weisheit das leiten, wofür man ganz und gar keine Sympathie hat, was man verkleinern und entmutigen möchte. Wenn der rein asketische Geist das Leben und die Gesellschaft leiten würde, könnte er sie nur zu einem Mittel der Selbstnegierung machen, sie nur durch seine eigenen Motive lenken. Eine asketische Führung kann die sogenannten niederen Aktivitäten zwar weithin dulden, aber doch nur mit der Absicht, sie schließlich doch zu überreden, sich fortschreitend zu verringern und von der eigenen Funktion abzustehen.*[103] Gewiß wird sich der Westen von solchen Möglichkeiten heute nicht gerade bedroht fühlen; darum müssen wir die geistesgeschichtliche Bedeutung dieser Thesen Aurobindos vorwiegend vom indischen Hintergrund her würdigen. Wenn wir das tun, dann werden wir hier allerdings das Heraufdämmern eines neuen Existenzgefühls im Osten erkennen. Sein Yoga, so versichert Aurobindo, sieht seine Ehre nicht darin, die Sinne zu unterbinden, und sein Begriff von Spiritualität schließt keine Abscheu vor weltlichen Dingen ein. *Wirklich weit gefaßte Spiritualität schließt keine menschliche Tätigkeit oder Fähigkeit aus, noch entmutigt sie sie. Sie bemüht sich vielmehr, diese alle emporzuheben.*[104]

Aurobindo fühlt sich immer wieder gedrängt, auf die Bedeutung des Weltbezuges besonders hinzuweisen. In seinem *Life Divine* spricht er mit einer wie Poesie und Musik dahinströmenden Sprache, die die größte Bewunderung englischer Dichter und Philosophen gefunden hat, von der traditionellen *Weigerung des Asketen*, der Welt Beachtung zu schenken[105], die ganz und gar nicht zur indischen Geistigkeit von Morgen gehört. Wenn der indische Geist schon träume, dann möge er edlere Träume träumen. Sein eigener Yoga sei allzeit diesseitig und überweltlich zugleich gewesen. *Die meisten Interessen der Menschen sind diesseitig, und die meisten sind auch in das mentale Feld meines Denkens eingeströmt und einige wie die Politik auch in mein Leben.*[106] *Ich habe mich veranlaßt gesehen, in meinem Yoga beide Welten einzuschließen.*[107] Schon in der ersten Zeit in Pondicherry schreibt er: *Den Himmel haben wir besessen, aber nicht die Erde. Aber es ist die Fülle des Yoga, um mit der Formel des Veda zu sprechen, daß man Himmel und Erde zu einem und gleich macht.*[108] Und auch von hier aus wird grundsätzlich deutlich, warum der *Yoga des Werkes* im Ashram-Leben von Pondicherry eine so betonte Rolle spielen kann oder muß.

Der vierte Begriff, der für Aurobindos Yoga grundlegend ist, heißt *Evolution.* Er steht in der Reihe der modernen Denker, die den heutigen Phänotypus Mensch als etwas Fragmentarisches, Unfertiges und Transitorisches ansehen, als Entwicklungsprodukt einer bestimmten Entwicklungsstufe, die keineswegs endgültig ist. Dieser Evolution einen beschleunigenden *Impuls* zu geben, ist sein eigentliches Motiv. Die Blockierungen des gegenwärtigen Bewußtseins will er mit entschiedenem Zugriff aufheben helfen. *Ein Weg ist zu eröffnen, der noch blockiert ist, nicht eine Religion zu gründen; das ist meine Auffassung.*[109] Eine solche Beschleunigung erscheint ihm notwendig, weil der nächste Schritt der Evolution überfällig ist. Wäre das Bewußtsein der Menschen umfänglicher, plastischer, ansprechbarer und responsiver, dann würden Religionen, Kulturprogramme und soziale Zielsetzungen tatsächlich zugreifende schöpferische Mächte. So aber droht das großsprecherisch sich über sich selbst täuschende gegenwärtige Bewußtsein in ein Tief zu geraten, oder es ist schon mitten darin. Der künftige Mensch, den Aurobindo als Möglichkeit vor sich sieht, ist der *supranaturale Übermensch,* der sich vom gegenwärtigen Entwicklungstyp so unterscheidet, wie dieser sich vom Wilden unterscheidet. *Der Weg des Menschen zum spirituellen Übermenschentum liegt offen, wenn der Mensch nur kühn genug ist, zu erklären, daß alles, was er bisher entwickelt hat, einschließlich seines Intellektes, auf den er mit Recht und doch auf so törichte Weise so stolz ist, daß dieses alles nicht mehr genug für ihn ist und daß es sein Bestreben in Zukunft sein soll, ein größeres Licht von innen her zu enthüllen, zu entdecken und freizulegen. Dann werden seine Philosophie, Kunst, Wissenschaft, Ethik, sein soziales Sein und seine konkreten Lebensziele nicht mehr ein bloßes Exerzitium sein, vom Geist und Leben selbst angestellt, um ihrer selbst willen getan, in einer in sich selbst zurücklaufenden Linie vorangetrieben. Sie werden vielmehr und eigentlich Mittel werden, eine größere Wahrheit hinter Geist und sichtbarem Leben zu entdecken und deren Macht in die menschliche Existenz hineinzuschleusen.*[110] Diese größere Macht zu

*Jawaharlal Nehru mit der Mutter auf dem Turnhof des Ashrams.*
*Ganz rechts: Nehrus Tochter Indira*

entdecken und diese größere Wahrheit zu verwirklichen, das unternehmen die Wandlungen und Transformationen seines Yoga. Und so wollen sie zuletzt der *menschheitlichen, globalen* und *kosmischen* Evolution dienen.

Es sind viele Spekulationen darüber angestellt worden, woher der Evolutionsgedanke zu Aurobindo gekommen sei. Es fehlt nicht an Kritikern, die ihn summarisch auf westlichen Einfluß zurückführen, um dann dieses Denken nicht mehr als typisch indisches gelten zu lassen, sondern es als neuzeitliches Zwittergebilde anzusprechen. Solche Kritik bleibt hinter dem Universalismus Aurobindos zurück, der doch nach allen Seiten die Türen aufstößt und eine konkrete Gemeinsamkeit meint, in der ein jedes Volk sein eigenes Wesen wahren soll. Was wäre dem heutigen Indien mit seiner Problemlast mit traditionellen Lösungen gedient? Es ist in Wahrheit auf Denker angewiesen, die den Mut haben, einengende Klammern und hohlen Traditionalismus zu sprengen. Zu dem Evolutionismus der Übermenschen-Konzeption ist Aurobindo durch Nietzsche angeregt worden. Das sagt er im *Human Cycle* deutlich genug. Und ebenso deutlich grenzt er sich ebendort gegen die *vitalistische* und *titanenhafte* Auffassung vom Übermenschen ab. Hier wie überhaupt bekundet er seine vielfachen Sympathien mit deutscher Geistigkeit. Ebenso ist aber zu bedenken,

daß die Idee des Yoga in sich praktisches Fortschreiten meint. Allerdings kommt alles darauf an, welchem Ziel man entgegenschreitet. Wenn aber Aurobindo ein solches Fortschreiten des Yoga eindeutig als progressive Evolution versteht, dann liegt die westliche Beeinflussung, speziell durch Nietzsche, gewiß auf der Hand. Aber wie kommt Aurobindo dazu, von hierher Anregungen aufzunehmen? Zu der ideengeschichtlichen Beeinflussung kommt eine höchst persönliche hinzu. Aurobindo fühlte sich zu einem Plan, einem *Ziel*, zur Verwirklichung einer *Absicht*, die Gott mit der Menschheit habe, aufgerufen. Und die Macht, mit der eine bestimmte *Führung* über ihm waltete und ihn zu einem höheren Werk in der Welt aufrief, erfuhr er in total bestimmender Weise. In dieser religiösen Teleologie hat der Evolutionsgedanke bei ihm seinen Sitz im ganz persönlichen Leben. Viele indische Denker haben evolutionistische westliche Philosophen studiert und sie nicht oder nur ganz peripher aufgenommen; Aurobindo war für eine tiefere und prinzipiellere Aufnahme des Evolutionsgedankens vorbereitet.

Wenn er eine kategoriale Bewußtseinserweiterung anstrebt, steht sie letztlich im Dienste dieser Evolution. Nicht soll sie das einzelne Individuum einfach mächtiger machen und womöglich seinem Wahn autonomer Hybris Vorschub leisten. Die Tage sind vorbei, da er Yoga um der Politik willen betrieb, aber auch die andere, nur-humanitäre Phase ist überwunden. *Unser Yoga*, so heißt es nun auf der dritten Stufe, *ist nicht um unseretwillen da, sondern um Gottes willen.*[111] Die Evolution ist Gottes Plan mit der Menschheit. Wer im Yoga der Evolution dient, dient Gott. *Nicht nach unserer eigenen Manifestation haben wir zu streben, der Manifestation des individuellen Ego, befreit von allen Schranken und Banden, sondern nach der Manifestation Gottes. Unsere eigene spirituelle Befreiung, Vollendung und Fülle wird Frucht und Teil jener sein, aber nicht in irgendeinem ichhaften Sinne oder für irgendeinen ichzentrierten oder sich selbst suchenden Zweck.*[112] Hier gilt, daß wer sich in der Evolution selbst sucht, sich im tieferen Sinne verliert. Wer sich aber dahingibt um des Größeren willen, der findet sich und seine echten Entwicklungsmöglichkeiten. Und so ist es kein Zufall, sondern entspricht dem Gesamttenor dieses Yoga, daß die Theonomie gerade in den evolutionistischen Zusammenhängen auf eine besonders steile Höhe geführt wird. Ein innerweltliches Ziel und ein in seinem gegenwärtigen Sosein nur ein wenig vergrößerter Mensch werden hier keineswegs angestrebt. *Das Ziel des Yoga — und entsprechend der Evolution — ist es nicht, ein großer Yogin oder ein Übermensch zu werden, obwohl das alles sich ergeben mag, das Ziel ist auch nicht, sich Gottes zu bemächtigen, um der Macht, dem Stolz und dem Behagen des eigenen Ich zu dienen.*[113] Vielmehr: *Zu tun, was ihm gefällt, dazu ist keiner von uns da, ebensowenig dazu, eine Welt zu schaffen, in der wir schließlich tun und lassen können, was uns gefällt. Zu tun, was Gott will, und eine Welt zu schaffen, in der der Wille Gottes seine Wahrheit offenbaren kann, nicht mehr durch menschliche Unwissenheit und vitale Wunschgebilde entstellt, dazu sind wir da.*[114] Das ist für Aurobindo, auf eine kurze Formel gebracht, Evolution.

Diese Evolution geht nach Aurobindo dem *geistigen Zeitalter* entgegen und hat in der Spiritualität ihr Prinzip. Denn Spiritualität bedeutete ihm, von der mentalen Ebene her formuliert, das paradoxe Miteinander von Herabkunft, die Neues eröffnet, und genuiner Selbstentfaltung, einer Selbstentfaltung, die aber nur auf Grund der Herabkunft möglich wird, einer Herabkunft, die sich wiederum nur dem mitteilt, der ihr aufrichtig entgegenstrebt. *Das uns leitende Licht und das harmonisierende Gesetz müssen wir in der Spiritualität suchen.*[115]

Im Bewußtsein des Menschen hat diese Evolution ihren geistigen Reflex, und so bleibt das Problem immer wieder dies, das Bewußtsein so rezeptiv-umfänglich und so progressiv-elastisch wie möglich zu machen. *Zu sein und im wahren Sinne zu sein, das ist das Ziel, das die Natur mit uns hat. Im wahren Sinne des Wortes zu sein, heißt aber, seines Seins voll bewußt zu sein. Unbewußtheit, Halbbewußtheit oder ungenügende Bewußtheit, das ist ein Zustand des Seins, der nicht wirklich im Besitz seiner selbst ist. Das ist bloßes Existieren, aber nicht die Fülle des Seins. Seiner selbst ganz und integral und aller Wahrheit des eigenen Seins bewußt zu werden, das ist die notwendige Bedingung, seine Existenz wirklich zu besitzen. Dieses Bewußtsein seiner selbst ist mit Spiritualität gemeint. Die Essenz alles spirituellen Wissens ist eine innerliche Selbstbewußtheit. Jede Handlung des Menschen muß ein Sich-selbst-Formulieren jener Selbstbewußtheit sein. Jede andere Art von Wissen kennt sich selbst nicht wirklich und strebt letztlich doch nur nach ihrem alten Bewußtsein und dessen Inhalten zurück. In Wahrheit heißt dies, sich selbst nicht zu kennen. Es stellt die mühsame Anstrengung dar, sich selbst in das alte Bewußtsein zurückzuverwandeln.*[116]

Führer in der Evolution, Helfer und schöpferischer Schrittmacher sind darum jene Individuen, die zu derart umfassender eigener Selbstbewußtheit gelangt sind. Das sind immer nur wenige, und in aller Zukunft werden es immer wenige bleiben. Aber diese wenigen sind *die Elite der Evolution.* Umfassende integrale Selbstbewußtheit wird auch in diesem demokratischen Zeitalter nie ein Massenartikel, sondern bleibt die außerordentliche Leistung weniger. So sehr Aurobindo demokratische Institutionen bejaht, besonders weil sie dem Individuum größere Entwicklungsmöglichkeiten garantieren, so wichtig ist ihm andererseits der Gedanke einer Elite der Evolution. Dieser Elite-Gedanke ist jedoch keineswegs westlich konzipiert, sondern nur eine moderne Übertragung des alten indischen Rishi-Ideals. *Der spirituelle Mensch, der das menschliche Leben seiner Vollendung entgegenführen kann, ist im alten Indien durch die Idee des Rishi typisiert, also eines Mannes, der das volle Leben eines Menschen gelebt hat und das überintellektuelle, das supramentale und spirituelle Wort der Wahrheit gefunden hat. Über die niederen Begrenzungen des Lebens ist er hinausgewachsen, und nun kann er alle Dinge «von oben her» se-*

*Friedrich Nietzsche*

*hen. Aber er schaut mit Sympathie auf sie und ihr Beginnen. Volles inneres Wissen und übergreifende höhere Kenntnis hat er. Darum kann er die Welt menschlich leiten, wie Gott sie göttlich leitet, denn gleich Gott ist er über dem Leben und gleichwohl mitten darin.*[117]

Schauen wir zurück, so ist deutlich geworden, in welchem Sinne die vier Begriffe der Herabkunft, des Personalen, des Integralen und der Evolution Grundbegriffe seines neuen Yoga sind. So wenig wir Aurobindo das Prädikat «neu» vorenthalten werden, besonders aus indischer Sicht, so erhaben ist er selbst darüber, ob sein Yoga als neu anerkannt wird oder nicht. *Es ist mir vollkommen gleichgültig, ob dieser Yoga, sein Ziel und seine Methode als neu akzeptiert werden oder nicht. Das ist an sich etwas Bedeutungsloses. Daß er wahr in sich selbst von denen anerkannt wird, die ihn anzunehmen vermögen und praktizieren, daß sie ihn durch die Tat als wahr erweisen, darauf kommt es an. Ich habe in einem Brief an einige Sadhakas seine Neuheit betont, um ihnen deutlich zu machen, daß eine bloße Wiederholung des Zieles und der Gesamtidee des alten Yoga in meinen Augen nicht ausreiche, daß ich etwas zu Erreichendes vor sie hinstelle, das zuvor noch nicht erreicht worden ist und noch nicht als Ziel klar erfaßt war, obwohl dieses zu Erreichende ein natürliches, aber gleichwohl noch verborgenes Ergebnis aller früheren geistigen Bemühungen ist.*[118]

*Dr. Rajendra Prasad, Staatspräsident, bei der «Mutter» in Pondicherry*

Daß Aurobindos Yoga durch die Tat als wahr erwiesen wird, darauf, so hörten wir, kommt es an. Diesen Erweis selbst zu bringen, war jederzeit Aurobindos eigentliche Aufgabe, oder umgekehrt: was er aussprach, war Wesensphänomenologie, Selbstaussprache oder existentielle Konfession. An diese bereits betonte Eigentümlichkeit dessen, was als sein Denken vor uns steht, haben wir uns immer von neuem zu erinnern. Sie hängt offensichtlich eng mit der östlichen Existenzform des Yogin zusammen, die uns im Abendland so fremd ist, zu der jedoch C. G. Jung mit seinem Individuationsweg wohl wider Willen und jedenfalls unabsichtlich eine gewisse westliche Parallele geschaffen hat. Aurobindo gehört nicht zu jenen «Großen» des Geistes, die nur um einer oder zwei Seiten ihres Wesens willen bedeutend sind, im übrigen aber dem Allzumenschlichen unterlagen; dies gilt ja von den sogenannten Genies oft in besonderem Maße. Alle Seiten seines Wesens auf eine höhere Ebene hinaufzubilden, das ist das Ziel seines Yoga. Nicht weise Sprüche zu machen, für deren Wahrheit er selbst nicht einstehen kann, das war die Mahnung, die er sich ständig gab. *Erfahren*, nicht Spekulieren, ist das Schlüsselwort seiner Existenz wie seiner Yoga-Philosophie. Dies alles zeigt uns im Abendland nur, daß das universelle Problem der Bewußtseinserweiterung auf verschiedene Weise angegangen werden kann. Wenn alles, was er ausspricht, so prinzipiell auf ihn selbst zurückweist, ist es dann möglich, ein Abbild dessen einzufangen, was er um diese Zeit, also etwa um 1930, war und darstellte? Wir sprechen noch nicht von dem alten, reifen Aurobindo, dessen erschütterndes, erhabenes Antlitz an eine archetypische Gestalt, an einen der Seher und Propheten von ehedem erinnert. Wir sprechen vorerst nicht von dem Aurobindo des Endes, sondern von Aurobindo auf dem Wege.

Seine geistig-menschliche Gestalt hat etwas Fundamentales. Dieser Mensch «ist», während die Masse nur meint und wähnt, versucht und möchte. *Ich weiß mit absoluter Gewißheit, daß das Supramentale eine Wahrheit ist und daß sein Advent ganz und gar den Charakter der nicht aufzuhaltenden Dinge hat.*[119] Man merkt es ihm an, daß er aus absoluten Gewißheiten lebt, weil absolute Realitäten nicht nur vor seinem geistigen Auge stehen, sondern weil er sich selbst in sie hineinbildet. Und darum überrascht auch folgende Zielsetzung nicht: *Das Ziel des Yoga ist es, eine neue Rasse mit dem Prinzip des supramentalen Bewußtseins zu schaffen, das ihr inneres und ihr äußeres, ihr individuelles und kollektives Leben bestimmt.*[120] Mag eine solche Äußerung auch nicht überraschen und nicht einmal verstiegen anmuten, so macht sie doch einen Abstand deutlich. Die Distanz des Ungewöhnlichen umgibt Aurobindo.

Aber nirgendwo gibt es in seinen dickleibigen Werken ein hybrides Wort, das ihn selbst als den ersten wahren Übermenschen oder den Stifter der Menschheit der Zukunft ausgibt. Im Gegenteil, mehr als einmal versichert er, daß er einen *menschlichen* Weg geht, den

C. G. Jung

*alle* gehen können, wenn sie wollen. Was alle zu tun haben, tut er nur beispielhaft. *Wenn ich diese Dinge tun konnte, oder wenn sie sich in meinem Yoga ereignen konnten, dann bedeutet dies, daß jene Entwicklungen und Transformationen im irdischen Bewußtsein tatsächlich möglich sind.*[121] Darum ist sein Yoga durchaus *nicht etwas Abnormes oder eine Monstrosität*, sondern das praktische Experimentieren mit einem grundsätzlichen und allgemeinmenschlichen Problem. Die Möglichkeiten der menschlichen Evolution sind eben nicht ausgeschöpft, sie halten vielmehr ungeahnte Überraschungen bereit. Und wodurch wird aktueller Fortschritt wirklich real? Darauf antwortet ein Gedanke von großer Einfachheit und Überzeugungskraft: *Der beste Weg, die Menschheit zum Fortschritt zu bewegen, ist der, daß man sich selbst in Bewegung setzt. Das mag egoistisch oder individualistisch klingen, ist es aber nicht. Es ist nur gesunder Menschenverstand.*[122]

Sehr schnell kamen die Schüler auf den naheliegenden Gedanken, Aurobindos Eigenart und Besonderheit mache ihm eben das Ungewöhnlichste und schließlich alles möglich. Dieser Gedanke entwertet in Aurobindos Augen die Bedeutung und das Wesen seines Einsatzes. Gerade in der lebhaften Abwehr dieser Unterstellung, die ihn wie ein inkarniertes und spielend sich aus sich selbst entfaltendes Wunder ansehen möchte, wird besonders deutlich, daß seiner geistmenschlichen Erscheinung gar nichts *Überirdisches* anhaftet. Sein Gesicht trägt die Spuren des ungewöhnlichen Kampfes, der harten und härtesten Überwindungen, des seltenen Wissens um die letzten gefährdeten Tiefen, von denen nur wenige wissen und viele zu wissen vorgeben. Er ist ein «Kämpfer»; dieses Wort gelte ganz unsentimental, realistisch und nüchtern. Und gerade dieser Umstand rückt uns Aurobindo menschlich so nahe. *Was Glauben anlangt, so schreibst du, wie wenn ich nie einen Zweifel oder sonst eine Schwierigkeit gehabt hätte. Ich habe schlimmere gehabt, als man sich ausdenken kann. Nicht weil ich die Schwierigkeiten beiseite geschoben hätte, sondern*

*weil ich sie klarer gesehen habe und reichlicher erfahren habe als ir-*
*gendeiner der jetzt oder vor mir Lebenden, weil ich den Schwierig-*
*keiten ins Auge gesehen und sie ausgemessen habe – darum bin ich*
*des Ergebnisses meines Werkes gewiß. Und selbst wenn ich noch die*
*Möglichkeit sehen sollte, daß es in nichts enden könnte, was freilich*
*ganz unmöglich ist, dann würde ich doch unverdrossen vorangehen,*
*denn ich würde immerhin mit bester Kraft das Werk getan haben,*
*das mir auferlegt ist. Und was in diesem Geist getan wird, zählt im-*
*mer in der Ökonomie des Universums. Aber warum sollte ich mei-*
*nen, daß alle diese Bemühungen in nichts enden könnten, wo ich*
*doch jeden Schritt und seine Richtung genau beobachte, wo mich doch*
*jede Woche und jeder Tag – früher war es jedes Jahr und jeder Mo-*
*nat, und bald wird es jeder Tag und jede Stunde sein – meinem Zie-*
*le soviel näher bringt?*[123]

Wenn Aurobindo sagt: *Ich selbst, so möchte ich annehmen, bin*
*ein Held aus Zwang, nicht aus Wahl. Stürme und Schlachten liebe ich*
*nicht gerade* [124], dann darf man annehmen, daß er das Licht seiner
dynamischen Natur ein wenig unter den Scheffel stellt. Aber er betont eben, daß auch er ganz und gar an dem gemeinmenschlichen
Schicksal teilhat, das nach dem Maß des Erfolges einem jeden seinen
Teil an Dornen und Disteln zuteilt. Aber auch das ist zum Ausdruck
gebracht: daß es ihm nicht auf den Kampf um des Kampfes willen
ankommt, sondern auf das zu Erreichende, auf die Befreiung, die

*Auf den Reisfeldern des Ashrams*

Verwandlung, das positive Neuwerden, auf den das Bewußtsein erweiternden Fortschritt.

Mit eindringlicher Bestimmtheit sucht er den Sadhakas den Gedanken deutlich zu machen, daß er keineswegs im «Elfenbeinturm» raffinierter Seelenpflege ein geruhsames Dasein führt. Das geschieht besonders in den Auseinandersetzungen über den Avatara-Gedanken. Verständlicherweise sprach man bald von ihm wie auch von der «Mutter» nach indischer Anschauungsweise als von einem Avatara oder einer Inkarnation, um damit zugleich auch anzudeuten, daß eine Inkarnation auf Grund ihrer höheren Natur alles vermöge, während sich arme, staubgeborene Menschen zu fragen haben, wie sie dem Voranpreschen eines solchen «geistigen Rolls-Royce» denn folgen können. In seinen Antworten spricht Aurobindo nicht von sich, aber wir spüren deutlich, daß im Hintergrund sein eigenes Problem verhandelt wird. *Wenn Avatare nur eine Vorspiegelung sind, dann haben sie keinen Wert für andere, dann haben sie keine wahre Wirkung. Die Erscheinung des Avataras wird dann vollkommen irrational, unwirklich und bedeutungslos. Gott hat es im Blick auf sich selbst nicht nötig, zu leiden und zu kämpfen. Wenn er solches auf sich nimmt, geschieht es, um die Bürde der Welt zu tragen und um der Welt und den Menschen zu helfen. Und wenn diese Leiden und Kämpfe hilfreich sein sollen, dann müssen sie wirklich sein. Vorspiegelung und aufgebauschte Nichtigkeit helfen nicht. Die Kämpfe und Leiden des Avataras müssen so real sein wie die der Menschen selbst. Jene trägt Gott und zeigt zugleich einen Weg, der aus ihnen herausführt. Anderenfalls hat sein Annehmen der menschlichen Natur weder Bedeutung noch Nutzen, noch Wert.*[125] Dieses Argument trifft sicher zu. Das hier von Aurobindo umschriebene Problem ist zum Beispiel der christlichen Lehre durch die Jahrhunderte nur zu bekannt: Wird Christi göttliche Natur überbetont, dann droht die Gefahr der ungeschichtlichen Epiphanie. Wird seine menschliche Natur überbetont, dann droht die Gefahr der vermenschlichenden Heroisierung. Auf jeden Fall aber gilt: *Wenn diese Leiden und Kämpfe hilfreich sein sollen, dann müssen sie wirklich sein.* Nicht jenseits und oberhalb der menschlichen Geschichte, sondern in ihr und unter den fragwürdigen Bedingungen dieser Geschichte muß sich das Faktum vollziehen, das dieser Geschichte einen neuen Impuls geben soll. Von einer ungeschichtlichen Überhöhung oder wundersüchtigen Mythologisierung seiner Person will Aurobindo darum nichts wissen. *Wenn die Avatara-Konzeption nur ein aufflammendes Wunder bedeutet, dann ist sie mir gleichgültig.*[126] Was seine eigene Auseinandersetzung mit Nöten, Widerständen und Anfechtungen anlangt, so fragt er: *Wie nun aber, wenn der Avatara sein Werk und seine Schwierigkeiten als ebenso ernst und wirklich erleidet?*[127]

So leuchtet uns wohl ein erhabenes Antlitz entgegen, aber doch ein menschlich erhabenes. Und darum liegt in Aurobindos Betonung seines normalen Erdenweges, auf dem einem Mehr des Erstrebten ein Mehr des Erleidens entspricht, keine Spur von autoerotischer Selbst-

*Eröffnung des Ashram-Kraftwerkes durch die «Mutter»*

bemitleidung. Denn Aurobindo ist der für den Adepten so beunruhigenden Meinung, daß wir auf Grund unserer naiven und ichhaften Projektionen psychischer, vitaler wie mentaler Art dem Leben zunächst einen Rücken darbieten, der die Prügel, die uns das Leben austeilt, durchaus verdient. *Was Hiebe anlangt, nun denn, ist es immer der Yoga, der die Hiebe austeilt? Ist es nicht oft der um Yoga Bemühte, der sich die Hiebe selbst versetzt? Hiebe gibt es im täglichen Leben genug, das ist meine eigene Erfahrung. Hiebe aber entsprechen der Gesetzmäßigkeit der Existenz: Unsere eigene Natur und die Natur der Dinge bringen sie uns, bis wir gelernt haben, ihnen einen solchen Rücken zuzukehren, den sie nicht mehr anrühren können.*[128] Aber auf der anderen Seite wehrt Aurobindo sich gegen einen rigoristischen Absolutismus, der den Menschen bis hin zu einer regelrechten Verteufelung mit entsprechender Schuld überlastet, um dann etwa in der Theodizee zur größeren Ehre Gottes um so glattere Lösungen bieten zu können. Wenn er sich die Komplexität der Seinsschichten des Individuums, seiner traditionellen, gesellschaftlichen, völkischen und globalen Einbettungen im Rahmen der Evolution, im Guten wie im Bösen, vor Augen hält, dann ist er der Meinung, daß der Mensch von einem nicht genügend differenzierten Denken gemeinhin für allzuviel verantwortlich gemacht wird, für das er tatsächlich nicht verantwortlich ist.

So tritt uns Aurobindo als ein Abbild wahrer Menschlichkeit entgegen. Und damit tritt uns auch sein Yoga als überzeugender Anspruch entgegen. Dieser Eindruck seiner Persönlichkeit hat sich nirgends konkreter gezeigt als im Umgang mit seinen Schülern. A. B. Purani hat das Verdienst, uns in den zweibändigen «Evening Talks» mit fast stenographischer Genauigkeit die Gespräche aus den Jahren 1922 bis 1926 aufgezeichnet zu haben. Diese Gespräche, die Aurobindo mit seinen Sadhakas führte, bieten in ihrer unmittelbaren Frische eine einzigartige Gelegenheit, Aurobindo gleichsam heute noch zu begegnen. Alle nur denkbaren Gegenstände werden in diesen Unterhaltungen berührt, Psychologie, Erziehung, Geschichte, die indischen Gegenwartsfragen, Gandhis Feldzug und seine Gewaltlosigkeit, Kunst, Literatur, wichtige Neuerscheinungen, die englischen Klassiker und die Wunderfrage. Ehe, Liebe, Sexus, Doktoren und Medizinen werden diskutiert, und dieses alles empfängt stets seine Beleuchtung vom Yoga her. Die Fülle der Themen bezeugt die weite Aufgeschlossenheit des Guru.

Selbstverständlich nehmen die persönlichen Fragen der Sadhakas über ihren eigenen Yoga einen besonderen Raum ein. Auch briefliche Bitten um Ratschläge in Lebenskonflikten werden gelegentlich besprochen. Sehen wir die rauhe, oft grobe Art an, mit der etwa die Weisen des Zen-Buddhismus ihren Schülern begegnen, so herrscht bei Aurobindo eine völlig entgegengesetzte Atmosphäre. Mit Schmunzeln und Lachen werden seine Antworten oft quittiert. Man hat bemerkt, Aurobindo selbst lache nie. Dazu meint er, dann solle man wenigstens anerkennen, daß Aurobindo stets zu Scherzen und Humor aufgelegt sei. Wenn man ihn zum Beispiel zu sehr mit der Frage bedrängt, wann denn das Supramentale endlich realisiert sei, kann er entgegnen, er sei gerade dabei, es am Schwanze herunterzuziehen. Oder wenn ihm ein Sadhaka mit rationaler Hartnäckigkeit zusetzt, kann er antworten: *Mein lieber Herr, seien Sie weniger logisch eng. Holen Sie weiter aus. Schwimmen Sie heraus aus Ihrem Schwimmbassin und hinein in die offene See. Tanzen Sie Walzer an den Horizonten.*[129] Völlige innere Freiheit, offene Aussprache, Vertrauen und Verehrung bestimmen diese Gespräche. Wir bewundern die Konzentration auf das Wesentliche, mit der Aurobindo manchmal der absurdesten Frage einen Sinn abgewinnt, und seine Geduld und seine immer sich gleichbleibende, sachliche Grundhaltung. Sein Wohlwollen bleibt auch dann noch deutlich spürbar, wenn seine Sachlichkeit gelegentlich herb wirkt und wirken muß. Sollte gleichwohl der Verdacht aufkommen, Aurobindo habe sich selbst zu hoch eingeschätzt, so lasse man die Demut auf sich wirken, mit der er jederzeit hinter die Sache zurücktritt. Vom Guru ist die Rede, und Aurobindo bemerkt: *Was meinst du mit Guru? Solltest du mich damit meinen, dann will ich es aus Gründen der Bequemlichkeit einmal gelten lassen, Guru genannt zu werden. Aber einen Guru, im gewöhnlichen*

*Die «Mutter» in Trance*

*Sinn des Wortes, gibt es in unserem Yoga nicht. Die höhere Macht, die auf uns herniederkommt, die ist der Guru.*[130]

Als sich Aurobindo dann im Dezember 1926 ganz zurückzog, nahm er die ihn manchmal die ganze Nacht hindurch beschäftigende Mühe auf sich, die Fragen seiner nun schon zahlreichen Sadhakas schriftlich zu beantworten, oft nur mit kurzen Richtigstellungen oder knappen Weisungen, oft aber mit ganzen Abhandlungen. Diese Antworten an die Sadhakas sind dankenswerterweise in vier Bänden *Letters of Sri Aurobindo* herausgegeben worden. Eine Ergänzung zu diesen Briefbänden stellen die zwei Bände jener Korrespondenz mit Aurobindo dar, die der Sadhaka Nirodbaran herausgegeben hat. Will man einen intimeren Eindruck von der Persönlichkeit Aurobindos gewinnen, sollte man mit dem Studium jener «Evening Talks» und der *Letters* beginnen. Sie lassen den Zauber seiner Persönlichkeit mit ihrem Ernst, ihrer souveränen Freiheit, ihrem nie versagenden Verständnis für alles und ihrem stets im Hintergrund spielenden Humor am unmittelbarsten vor uns erstehen.

Zwei Mißverständnisse verdunkeln bisweilen das Bild Aurobindos. Betrachten wir die Auseinandersetzung, soweit sie heute schon zu übersehen ist, so fühlt eine Anzahl von Menschen sich bemüßigt, ihn als Sektenstifter, Pseudo- oder Neo-Christus zu interpretieren. Das Supramentale muß (so meint man) mit dem Heiligen Geist, von dem das Neue Testament spricht, identisch sein. Dann freilich kann man umfangreiche Bücher dem Nachweis widmen, daß das Supramentale in Gestalt des Heiligen Geistes sich ja längst mitgeteilt hat und daß Aurobindo seine ganze Mühe eigentlich an ein nicht-existierendes Problem gewendet hat. Aber solche Mißverständnisse sind nur das Zeichen einer Kategorien-Armut, die alles über einen Leisten schlagen möchte. Das Supramentale ist nicht mit dem Heiligen Geist gleichzusetzen. Wenn Paulus sagt: Der Herr ist der Geist, so ist damit der Heilige Geist als die lebendige Geistgegenwart Jesu Christi definiert, nicht aber als die Geistgegenwart des Hindu Aurobindo. Man muß es Aurobindo glauben, daß er mit seinem Programm der supramentalen Bewußtseinserweiterung eine anthropologische Grundfrage aufnimmt, die grundsätzlich nicht mit der religiösen Frage oder mit der konkreten Problematik bestimmter historischer Religionen identisch ist. Daß er durchaus keine neue Religion gründen will, spricht aus den Worten: *Man kann das Haupt einer spirituellen Organisation oder der Messias einer Religion oder ein Avatara sein, und man braucht deswegen das Supramentale und was darüber liegt, in seinem Leben doch nie anzurühren.*[131] Spezielle Probleme bleiben spezielle Probleme, auch wenn sie noch so grundsätzlicher Natur sind, und sie haben ein Recht, sich kurzsichtiger Klassifizierung zu widersetzen. Dieses Recht wird Aurobindo selbst noch dann für sich in Anspruch nehmen dürfen, wenn er der Meinung ist, daß es weder wahre noch echte, noch reale menschliche Bewußtseinserweiterung gibt, die nicht auf jener Bewußtseins-Urmacht beruht, die er nicht verschwommen das Göttliche, sondern recht konkret und präzise Gott nennt.

Einem sogenannten Existentialismus, der unbedingt alles aus eigener Kraft leisten und darum Gott abschwören zu müssen meint, jeder nihilistischen Pose und intellektuellen Ideologie ist grundsätzlich der Boden entzogen, wenn sie mit Aurobindos spirituellem Antlitz konfrontiert wird. Wer die Kurzschlüsse des sogenannten modernen Denkens mitmacht, wird darum Aurobindo als vergangen abtun und nicht erkennen, daß er in Wahrheit ein Moderner von Morgen ist. Die Frage lautet nur, ob unsere Zeit auf derart positive Denker zu hören fähig ist.

Feststeht Aurobindos Überzeugung von der grundsätzlichen Wesensbestimmtheit menschlicher Existenz: *Die geistige Bestimmung steht unverrückbar ständig da. Man kann ihre Erfüllung hinauszögern, sie mag zeitweilig sogar verloren scheinen, nie aber ist sie aufgehoben.*[132]

Feststeht seine Überzeugung von dem Woher, aus dem solcher Bestimmung die Erfüllung kommt: *Es ist eine Lehre des Lebens, daß alles, was in der Welt ist, den Menschen immer fallen läßt. Nur Gott läßt ihn nicht fallen, wenn er sich Gott ganz zuwendet.*[133]

Und feststeht Aurobindos Überzeugung von dem Wie der Lebensbewegung, auf die es mithin ankommt: *Es nützt gar nichts, sich zu beunruhigen und zu sagen: Dies muß ich sein, jenes muß ich sein, ja, was soll aus mir werden? Sag so: Ich bin bereit, das zu sein, nicht was ich will, sondern was Gott mich werden lassen will. Alles übrige ergibt sich von hier aus.*[134]


# DER OVERMIND UND DAS SUPRAMENTALE

In diese Zeit, von der wir zuletzt sprachen, fällt ein Ereignis, das wie kein anderes ein direkter äußerer Reflex der inneren Entwicklung ist, die Aurobindo bis dahin durchlaufen hatte. Um dieses Ereignisses willen, das am 24. November 1926 geschah, ist der Ashram-Gemeinde dieser Tag nicht nur als historisch bedeutend, sondern als einer der größten Tage in Erinnerung, die sie in Gemeinschaft mit Aurobindo erlebte.

Auf die Frage, wann denn die große Realisation, nach der er seit so vielen Jahren strebe, endlich komme, hatte Aurobindo noch an seinem Geburtstag des Vorjahres ausweichend geantwortet. *Die Möglichkeit ist dieses Jahr größer, als sie es im letzten war,* hieß es lakonisch. In der Zwischenzeit spürte der Jüngerkreis jedoch intensiv, daß irgendein besonderes Geschehen bevorstehe. Und dann wurden die Sadhakas plötzlich zu ungewohnter Zeit zusammengerufen. A. B. Purani schildert den Vorgang so: «Am 24. November kam der Tag, auf den die ‹Mutter› – und jedermann – all die langen Jahre gewartet hatte. Die Sonne war fast untergegangen. Jeder war mit seinen eigenen Dingen beschäftigt. Einige hatten sich zu einem Spaziergang an die See entfernt. Und da sandte die ‹Mutter› eine Botschaft

Karl Jaspers

an alle Schüler, sich so schnell wie möglich auf der Terrasse zu versammeln, auf der gewöhnlich die Meditation abgehalten wurde. Es dauerte nicht lange, da hatte die Botschaft alle erreicht. Um sechs Uhr waren die meisten beisammen.» Dann folgt die Schilderung des eigentlichen Vorganges: «Tiefes Schweigen herrschte ... Wie mit elektrischer Energie war die gesamte Atmosphäre geladen ... Absolute Stille, lebendiges Schweigen.» In dieser Stille fand eine Dreiviertelstunde lang eine Meditation statt. Dann wurde den Sadhakas bedeutet, einzeln an der «Mutter» und Aurobindo vorbeizugehen. Jeder empfing einen besonderen Segen. Nichts wurde gesprochen. Nach dem Segen fand wiederum eine kurze Meditation statt. Alle fühlten die Größe der Stunde. «Es war nicht nur dies, daß eine Handvoll Jünger in irgendeiner kleinen Ecke der Welt von ihrem obersten Meister und von der ‹Mutter› gesegnet wurde. Die Bedeutung der Stunde war weit größer. Es war gewiß, daß ein höheres Bewußtsein die Erde berührt hatte», das heißt, die Schüler nahmen unmittelbar wahr, daß mit Aurobindo eine absolut ungewöhnliche Verwandlung vor sich gegangen war.[135] Was aber war geschehen? Der *Overmind* oder der *Übergeist* war von Aurobindo erfahren worden.

Da aber die Übersetzung *Übergeist* ein wenig künstlich klingt, lassen wir das leicht verständliche englische Wort als terminus technicus wohl besser stehen und fragen zunächst, was unter dem *Overmind* zu verstehen sei. In ziemlich grober Schematisierung führt der Weg bei Aurobindo vom *Mind* zum *Overmind* und vom *Overmind* zum *Supramentalen*. Der *Overmind* ist also noch nicht das *Supramentale*, aber er ist das «Bindeglied» zu ihm. Die Verwirklichung des *Overmind* gab darum Aurobindo und seinem Jüngerkreis die hoffnungsvolle Gewißheit, daß auch die weitere Stufe, zu der sie hinleitet, verwirklicht würde.

Wenn der 24. November und die mit ihm verbundene Verwirklichung einen Binde-Charakter hat, so ist es aufschlußreich, die Glieder des Yoga, die er verbindet, an dieser Stelle deutlicher zu kennzeichnen. Das aber ist nichts anderes als eine detailliertere Charakterisierung der Seelengeschichte Aurobindos, betont er doch selber, daß der entscheidende Anstoß, den er im Alipur-Gefängnis erhalten habe, zwar schon den gesamten Yoga vorgeformt in sich enthielt, daß es ihn aber Jahrzehnte gekostet habe, diesen Anstoß geistig zu assimilieren und in Begriffen zu klären. Und diese Klärung sieht folgendermaßen aus: Der Overmind bildet das Bindeglied zwischen drei Verwandlungen, nämlich der psychischen, der geistigen und der supramentalen Verwandlung. Indem wir diesen dreifachen Stufen-weg nachzuzeichnen versuchen, wird die Stellung und Bedeutung des *Overmind* von selber deutlich.

Was meint zunächst die erste, die psychische, die Initialwandlung? Die psychische Wandlung *macht den Menschen zum Antworten be-reit*[136], und zwar dadurch, daß er sich auf den tiefsten und eigent-lichen Grund seiner Existenz besinnt, auf das absolute Moment sei-nes Konstituiertseins. Das Psychische ist nach Aurobindo *die zentral wesenhafte Existenz.* Christliche Anthropologie würde diesen zen-tralen Punkt so bezeichnen: der Mensch ist Imago Dei oder Ebenbild Gottes. Damit ist jedoch wiederum keine konkrete Identität der An-schauungsweise hier und dort behauptet. Es geht um das Ich, das nach Kant in keine Aussage «Ich bin dies oder das» eingeht, sondern immer deren Voraussetzung bleibt. Es geht um das unruhige Herz Augustins, das nicht anders kann, als unruhig zu sein, bis es Ruhe findet in Gott. Das psychische Ich meint den Atman der Hindus, das Fünklein der Mystiker, den Urgrund der Idealisten wie das Absolute der Philosophen, das nach Jaspers der menschlichen Gesamtexistenz jenen Chiffre-Charakter verleiht, mit dem sie, indem sie auf sich weist, über sich hinausweist. Und doch wiederholt Aurobindo nicht die eine oder die andere Position. *Es ist diese geheime psychische We-senheit, die das wahre originale Gewissen in uns ist, tiefer als das konstruierte und konventionelle Gewissen der Moralisten.* Gewissen kann sie heißen, denn sie ist die dynamische Richtungskonstante, die das Individuum bei der eigentlichen Teleologie seines Vollzuges und seiner Rolle in der Evolution trotz aller Abirrungen festhält, und das heißt: bei der Grundwahrheit seines Seins festhält, die in dem Bezogensein «aus Gott – zu Gott» beschlossen liegt.

Das genuin Psychische ist aber von der *pseudo-psychischen We-senheit* der Wunschseele zu unterscheiden. *Der Geist mag kraftvoll und brillant sein, das Herz von vitalen Emotionen fest und stark und herrenhaft, die gesamte Lebenskraft dominierend und erfolgreich, die körperliche Existenz reich und glücklich,* und doch braucht von gei-stiger Existenz keine Rede zu sein, und doch kann das alles nichts weiter als ein Beherrschtsein von der Wunschseele bedeuten; hinter all dem kann eine ungebrochene, nur sich selbst kennende Egoität stehen. Das Pseudo-Psychische ist dem Psychischen zum Verwechseln ähnlich – so geistig, so innerlich, so selbstlos vermag es sich zu ge-ben. Und doch lügt die Wunschseele den Grundbezug der Existenz und damit alle ihre Einzelbezüge ichhaft um. *Wir verwechseln ihre Falschinterpretationen mit psychischem Planen und Streben, ihre Ideen und Ideale, ihr Wollen und Verlangen mit wahrer Seelenhaf-*

*tigkeit und wahrem Reichtum spiritueller Erfahrung.* Aber hinter einer solchen «seelischen» Tarnung steht nur der aufgeblähte Ungeist. In den wahren Geist wächst man nur durch eine einzigartige *Aufrichtigkeit* sich selbst gegenüber hinein, die alle Maya-Gewebe des Selbstbetrugs durchstößt, und seien sie auch noch so edel getarnt. Diese Aufrichtigkeit spielt darum eine so fundamentale Rolle im Yoga Aurobindos und ist identisch mit jenem Sichöffnen und sogar jenem Beiseitetreten, von dem zuvor schon die Rede war. Die richtig vollzogene psychische Wandlung ist darum bereits eine regelrechte *Neugeburt* oder *Bekehrung,* und von der psychischen Neugeburt oder Bekehrung spricht Aurobindo denn auch immer wieder. Das wahre Psychische ist so *geheim,* daß man zu ihm *durchstoßen* muß. Dieser Durchstoß ist auf seiner Stufe bereits eine Totalveränderung. *Wenn die geheime psychische Person in die Vorfront gebracht werden kann und die Wunschseele ersetzt, wenn sie offen und zur Gänze diese äußere Natur des Geistes, des Lebens und Leibes regiert, dann kann man sie in Ebenbilder von dem umgießen, was wahr, recht und schön ist. Und schließlich kann man die gesamte Natur dem wirklichen Lebensziel zuwenden. Das wäre der Sieg aller Siege, der Aufstieg zur geistigen Existenz.*[137]

Die psychische Wandlung kann darum, anders gesagt, nicht um eines außer ihr liegenden Zweckes willen erstrebt werden, sondern nur um der Wahrheit des Selbstseins, um ihrer selbst willen. Aber ist dieses «um ihrer selbst willen» nicht der sonst von Aurobindo abgelehnte Rigorismus? Ist dieser harte Anspruch nicht ein den Menschen überfordernder und darum abstrakter ethischer Idealismus? Oft genug mag das so sein, nicht aber an dieser Stelle. Denn die Wahrheit des Menschseins, die nur ein anderer Ausdruck für die Frage nach Gott ist, ist der schöpferische Grund, der als einziger um seiner selbst willen gesucht werden muß. Alle anderen konkreten Zwecke werden allerdings heteronome und sterile Verfälschungen, wenn sie sich von der aufgegebenen Wahrheit des Selbstseins abspalten und sich als Zwecke an sich etablieren wollen – mag es der Staat, die Gesellschaft oder eine angeblich geheiligte Tradition sein. Was nicht zur Wahrheit des Menschseins in Beziehung steht und auf sie hinweist, von ihr herkommt oder ihr irgendwie funktional dient, hat keine wesenhafte Begründung und keinen wesenhaften Bestand. Das Grundmysterium der Metaphysik wahrer Menschwerdung ist dies: Existentiell begegnet der Mensch in seiner Wesensstruktur einem Absoluten, das seine schöpferische Macht nur dem sinnvoll erschließt, der sich ihm ohne Warum überantwortet.

Diesen Punkt macht Aurobindo in der folgenden Äußerung klar: *Dein Argument, daß wir wissen, die Gemeinschaft mit Gott bringe Seligkeit, und darum müßten wir um dieser Seligkeit willen diese Gemeinschaft suchen, dieses Argument ist nicht wahr und hat keine Kraft. Wer eine Königin liebt, mag wohl wissen, daß ihre Erwiderung seiner Liebe ihm Macht, Stellung und Reichtum bringen muß, und gleichwohl braucht es nicht wegen der Macht, der Stellung und*

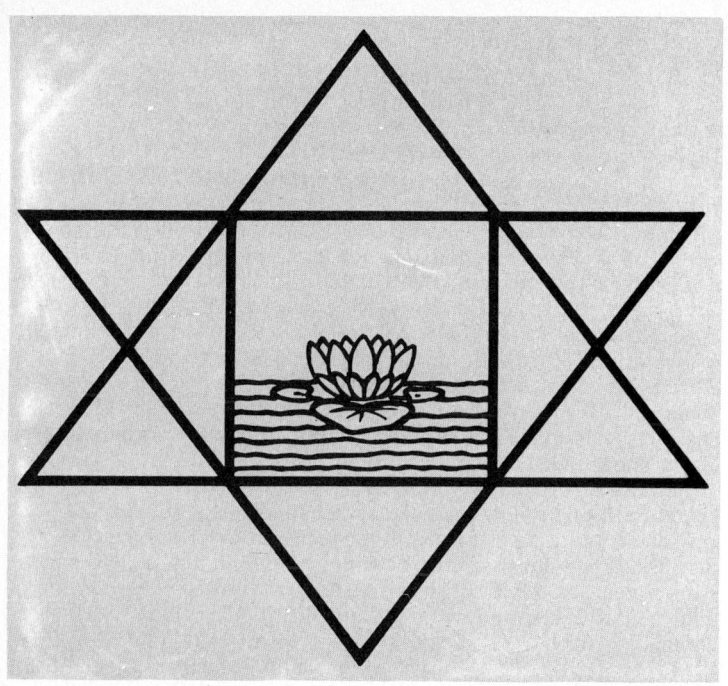

*Sri Aurobindos Symbol. Stern: Verheißung innerer Schöpfung.*
*Lotos: inneres Sicherschließen. Quadrat: Sinnbild der Vollkommenheit*

des Reichtums zu sein, daß er ihre Liebe sucht. Er kann sie um ihrer selbst willen lieben, und er könnte sie genauso lieben, wenn sie nicht Königin wäre. Es mag sein, daß er auf keinerlei Erwiderung hoffen kann, und doch liebt er sie, betet sie an, lebt und stirbt für sie, einfach weil sie sie ist. Das gibt es, Männer haben Frauen ohne warum und wozu geliebt, sie ständig geliebt, leidenschaftlich, mochte das Alter kommen und die Schönheit enteilen. Patrioten lieben ihr Land nicht, weil es reich, mächtig und groß ist und weil es ihnen viel zu geben hat. Liebe zum Vaterland brennt am heißesten, leidenschaftlichsten und absolut, wenn das Land arm ist, niedergetreten und elend, wenn es als Lohn des Dienstes nichts als Verlust, Wunden, Qual, Gefängnis und Tod zu geben hat. Mochten sie auch wissen, daß sie selbst ihr Vaterland nie frei sehen würden, trotzdem haben Menschen für es gelebt, gedient und sind für es gestorben, für das Vaterland um seiner selbst willen, nicht seines Lohnes wegen. Menschen haben die Wahrheit um ihrer selbst willen geliebt oder das, was sie von ihr suchen und finden konnten, und sie haben Armut, Verfolgung und Tod hingenommen. Sie waren selbst damit zufrieden, sie unablässig zu suchen, ohne sie zu finden, und sie haben die Suche doch nie aufgegeben. Und was heißt das alles? Daß Mensch,

*Land, Wahrheit und vieles andere um ihrer selbst und aus keinem anderen Grunde geliebt werden können, um eines Absoluten willen, das in ihnen oder hinter ihrer Erscheinung und besonderen Gegebenheit ist. Gott aber ist mehr als Mann oder Frau, mehr als ein Streifen Land, ein formuliertes Glaubensbekenntnis, eine Meinung, eine Entdeckung oder ein Prinzip. Gott ist die Person aber allen Personen, das Heim und Vaterland aller Seelen, die Wahrheit, von der alle Wahrheiten nur unvollkommene Zeichen sind. Und so kann er denn nicht um seiner selbst willen geliebt werden und gesucht werden? Nicht ebenso und mehr als all jenes, das Menschen sogar mit ihrem geringeren Selbst und ihrer niederen Natur so lieben und suchen können? Was dein klügliches Denken außer acht läßt, ist das Absolute im Menschen und in seinem Suchen. Das ist etwas, das kein mentales Klügeln und keine vitalen Motive erklären können.*[138]
Dieses Absolute nicht außer acht zu lassen, ist das existentielle Anliegen Aurobindos.

Das Psychische, das erwacht, aktiv wirkt, die gesamte Persönlichkeit ergreift und prägt, ist zunächst eine Macht metaphysischer Seinsgewißheit und damit eine Kraft vertiefter Selbsterfassung. Sie vertieft, indem sie das bisherige Bewußtsein von allen Oberflächenkonstruktionen abzieht. Das ichzentrierte Natürliche erscheint in seiner hohlen Brüchigkeit und bricht zusammen. Die *Befreiung von der begrenzten Persönlichkeit* bewirkt das Psychische auf folgende Weise. *Wenn das psychische Wesen erwacht, wirst du deiner eigenen Seele bewußt, gewinnst du Kenntnis deines eigenen Selbst. Und du begehst nicht mehr den Fehler, dich mit deinem vitalen oder mentalen Wesen einfach zu identifizieren. Du nimmst sie nicht mehr fälschlich für die Seele selbst.* Das Individuum hat die erste grundlegende Erfahrung von der eigenen tieferen Möglichkeit, von den bisher unerfüllten inneren metaphysischen Spannungen. Nicht nur seine eigene wesenhafte Realität erschaut das Individuum in einem neuen Lichte: der neuen Selbsterfassung eignet auch eine unmittelbare Gottesgewißheit. Gott ist, denn die Seele ist. Die Seele ist, denn Gott ist. Und doch ist beides unrichtig, denn es handelt sich keineswegs um eine schlußfolgernde Reflexion, sondern um ein unmittelbares Miteinander-Gegebensein, um die zwei Seiten eines einzigen Unmittelbaren. *Das Psychische weigert sich, sich von bloß äußeren Erscheinungen betrügen zu lassen, oder sich durch Unwahrheit in eine Depression hineinmanövrieren zu lassen. Aber es übertreibt auch nicht die Wahrheit. Wenn zum Beispiel alles rund herum sagt: Es gibt keinen Gott!, so weigert sich das Psychische, so etwas zu glauben. Es sagt: Ich weiß es, und ich weiß es, denn ich fühle es.* Und dieses Grundsätzliche schließt im einzelnen sehr vieles ein, zunächst ein spontanes Urteil über das bisherige Sosein, ein Aburteilen, ein Abstandnehmen. In diesem Zusammenhange spielt die «geistige Trauer» eine Rolle. Das bin ich nur? Und was sollte ich sein? Das Psychische trauert um das eigene ungewandte Nur-Sosein, wenn es sieht, wie *das mentale oder vitale Wesen sich wie ein Narr aufführt.*

*Die letzten Jahre: bereits Mythos geworden*

Diese Trauer ist die *der verletzten Reinheit.* Aber sie hat nichts zu tun mit Depression oder Unzufriedenheit. Sie ist der tiefere Schmerz, aus dem Besseres geboren wird. Und wie das Psychische damit den Willen erhebt, so reinigt es alle Seiten des Gefühls. «Gefühl» wird jetzt Gefühl, das diesen Namen rechtens trägt, befreit aber auch von jener «Trockenheit» ·der ichhaft sich mehr und mehr verengenden Gefühlsarmut, in der nichts mehr gedeihen kann. Das Psychische bringt weiterhin ein echtes inneres Offensein gegenüber den Mitmenschen mit sich, besonders dem Guru oder der sonst zur Führung oder zum Weiterhelfen berufenen Persönlichkeit gegenüber. Jetzt handelt es sich um ein schöpferisches Gegenüber, nicht mehr um einen nur intellektuellen Kontakt. *Letzterer bringt es nicht sehr weit. Natürlich schadet es nichts, auch einen solchen Kontakt zu haben. An sich aber öffnet er keineswegs das gesamte innere Wesen.* Auch ein neues physisches Wohlbefinden schafft das Psychische. Zu dem vielfältig strukturierten Bewußtseinsphänomen gehört ja auch das vitale, das körperliche Bewußtsein. Wenn es primitiv bleibt, krankt es an der gleichen Ichhaftigkeit, die immer ein Sichselberschaden bedeutet. Das primitive vitale Bewußtsein flüchtet in ein perverses Sichwohlgefallen. Es stimmt heimlich der Krankheit zu, an der es leidet. Das Psychische jedoch bringt eine stärkere, überwindende Kraft, es *zieht die innere Zustimmung zurück.* Damit verändert sich vieles, wenn auch unter Umständen nicht alles. Aber auch objektive Tatsachen können nun in einem anderen Lichte erscheinen. Zwar ist es *für einen solchen Geist nicht einfach, wenn er erst einmal in den Habitus der Zustimmung hineingeraten ist, mag es auch eine ganz und gar passive, leidende und zögernde Gewohnheit der Zustimmung sein, diesen Habitus durchzustreichen und von diesem*

*Sichdrehen in einem schwarzen Kreise frei zu werden.* Aber gleichwohl, es kann getan werden, *wenn der Geist sich einfach weigert, an die naheliegenden Ideen und Gefühle, die den Kreis wieder beginnen wollen, weiterhin zu glauben oder sie anzunehmen.* Wie denn auf allen Ebenen und in allen Bezügen, nach innen wie nach außen, ein präziseres Unterscheidungsvermögen, ein *automatisches* Innewerden von Gesundem und Entartetem, Wahrem und Falschem, Geistigem und Ungeistigem aufbricht. Dem entspricht der *psychische Takt,* der einfach sagt, was ist, und nicht leidenschaftlich in Meinungen beharrt, sondern ohne unnötigen Stimmaufwand ruhig und besonnen oder auch schonend spricht. Über dies alles wird die *psychische Selbstkontrolle* wachen. Und damit hebt von innen her eine neue Führung an, *Führung* von einer größeren Tiefe her. Ihre Äußerungsform ist die *psychische Liebe,* die so etwas wie eine Umwertung aller bisherigen Werte vollzieht, auf jeden Fall aber einen vertieften Wertsinn darstellt, dem sich das Gesamtsein beugt. Es gibt eine vitale Bhakti oder Liebe, die als Liebe doch immer ihre Bedingungen stellt. Es gibt einen vitalen Wahrheitssinn, der im Grunde genommen nur bis zur Erhärtung des von ihm Angenommenen reicht, das wie eine heimliche Bedingung aufgestellt ist. *Das psychische Wesen und seine Liebe ist nicht von dieser Art. Weil es hintergründig in direkter Beziehung mit Gott ist, darum ist es wahrer Liebe fähig. Psychische Liebe verlangt nicht, hat keine Vorbehalte. Mit ihrem eigenen Existieren ist sie zufrieden. Das psychische Wesen weiß ebenso der Wahrheit in rechter Weise zu gehorchen. Es gibt sich Gott oder dem Guru auf richtige Weise. Weil es sich wahrhaftig gibt, darum kann es wahrhaftig empfangen.*[139]

Wenn auf solche und manch andere Weise das Psychische sich als die Dynamik einer tieferen Seins- und Selbsterfassung kundgibt, so ist auch schon greifbar, daß dieses Psychische zugleich elementare Wandlungsdynamik ist. Für das Individuum, in dem das Psychische aufgebrochen ist, gibt es keinen Stillstand mehr, es ist in die fortschreitende Wandlung hineingerissen. *Die Konversion, die das Bewußtsein in der Hinkehrung zum Licht erhält und die rechte Einstellung spontan, natürlich und beharrend macht, die Verwerfung des Nicht-Angemessenen aber ebenso spontan, genau das ist die psychische Konversion.* Sie *beginnt, wenn die Seele anfängt, auf einem tieferen Leben zu bestehen, und sie ist vollständig, wenn das Psychische die Basis oder der Führer des Bewußtseins geworden ist. Gewiß, wenn das einmal ganz geschieht, dann können Zweifel, Depression und Verzweiflung nicht mehr Oberhand gewinnen, obwohl Schwierigkeiten immer noch da sein werden und tatsächlich da sind. Wenn jenes nicht ganz, aber doch grundsätzlich erreicht ist, dann treten diese Dinge entweder nicht mehr auf, oder sie sind nur wie vorüberziehende Wolken an der Oberfläche, denn ein Felsen als Halt und eine Gewißheit als Grundlage sind gegeben, die, wenn auch zeitweise wieder verdeckt, doch nicht mehr völlig verschwinden können.*[140] Wandlungsdynamik ist das Psychische also nicht etwa nur in dem

Sinne, daß ein kategorisches Soll sich unauslöschlich eingeprägt hätte; es ist vielmehr positive Ermöglichung, Werdekraft aus der Tiefe; dem Wissen um das Soll ist die Erfahrung eines anderen, neuen Könnens beigestellt. Hier treten nun oft bezeichnende Träume auf, zum Beispiel solcher Art, daß man vor vielen sich öffnenden Wegen steht, die *ein Bild des höheren Bewußtseins sind, in dem alle Bewegungen des Seins offen liegen.* Sie wollen die sich auftuende Weite und Fülle bezeichnen, in die das Bewußtsein hineinwachsen soll und nun kann. Die Schwierigkeiten dieses konkreten Könnens werden aber gewiß nicht unterschätzt. *Das Psychische ist ständig verhüllt geblieben, es hat dem Spiel des Geistes, des Physischen und des Vitalen in einem fort zugestimmt, es hat alle Erfahrungen nur auf den unwissenden Wegen jener gemacht. Wie kann es also möglich sein, daß jene nun gar nicht anders können, als sich auf der Stelle zu wandeln, wenn es eben nur gerade flüstert: Es werde Licht!? Geist, Physisches und Vitales haben eine fürchterlich negierende Kraft und können sich weigern, und sie weigern sich rundheraus. Der Geist besteht in obstinater Hartnäckigkeit auf seinem Argument und auf einer ständigen Konfusion der Ideen, das Vitale mit einem wilden Sturm bösen Willens verhält sich ebenso, unterstützt von den Klügeleien des Geistes. Und das Physische widersteht ebenfalls mit einer widerspenstigen Unbeweglichkeit und einer krassen Gläubigkeit an die alten Gewohnheiten. Und wenn diese das ihre getan haben, dann kommt noch die allgemeine Natur auf dich zurück, so lange, wie sie nur kann. Und doch – das ist die Seele, sagst du, die all diesen «Wirbel» will, und sie geht beiseite und lacht sich eins, und dann springt sie doch wieder hinzu, um noch mehr davon zu haben.*[141] Dieser mit Selbstverspottung gemischte Humor entspricht der freudvollen Überlegenheit, mit der die Seele den Auseinandersetzungen auf dem Schlachtfeld des eigenen Hoheitsgebietes nun zuschauen kann. Der Atman als «Zuschauer», das ist der alte Gedanke, den wir besonders in der «Bhagavad Gita» ausgeführt und von Aurobindo in seinen *Essays on the Gita*, kommentiert finden. Aber diese Zuschauer-Haltung meint natürlich nicht einen vagen Dualismus, sondern die ganz spezifische Autorität dessen, der bei sich selbst zu seinem Wesentlichen gekommen ist. Grundsätzlich macht das Psychische, wenn es als Wandlungsdynamik wirksam ist, den Yoga, der zuvor ein *Kampf* war, zu einer *prinzipiell glatten Handlung*, zu einem, trotz allem, leichten Fortschreiten. Eine von innen her aufwallende *Freudigkeit, Freude* oder *Seligkeit* charakterisiert seine Aktionsweise. Es bringt *Harmonisierung, Frieden, Stille* und *Ruhe*, ganz im Gegensatz zur chaotischen oder widersprüchlichen Äußerungsweise der alten Natur. Statt der früheren Härte des Verlangens und der Schroffheit des Sichbehauptens und Sichauseinandersetzens wird nun, unter der erlebten Dynamik des wandelnden Psychischen, eine *samtene innere Glätte* gefühlt, statt der hinter Prinzipien verschanzten Verhärtung eine *nicht in Worte zu fassende innere Plastizität.* Diese teilen sich dem Bewußtsein als entscheidende Modifikation mit. Die Modifikationen können so intensiv entstehen, daß sie wie *Stöße im Vorder-haupt* gefühlt werden. Oder ihre Erschütterung kann dem Indivi-duum Tränen abpressen. Dieses *psychische Weinen* oder dieses *psy-chische Leid* ist eine andere Nuance der psychischen Trauer, von der zuvor die Rede war. Beide sind Reflex des intensiven *psychischen Sehnens* oder der gesteigerten *psychischen Hoffnung*. Symptome da-für, daß das Psychische als Wandlungsmacht tätig ist, gibt es, sagt Aurobindo, viele. Der Kopf mag zuweilen brennen und wie *in Feuer stehen, im Feuer der psychischen Reinigung*. Zittern mag die Glieder befallen. Aber all diese Bewegungen und ihre Reflexe sind fest in der Hand nicht einfach des Willens, der sie niemals ganz in die Hand bekäme, sondern des *psychischen Willens*, der neuen Willensmächtig-keit höherer Ordnung. *Wichtig ist, daß du hältst, was du hast, und es wachsen läßt, daß du ständig in deinem psychischen Wesen lebst, deinem wahren Sein. Der psychische Wille erwacht zu seiner Zeit und wendet den gesamten Rest der Natur zu Gott hin, so daß sich auch das äußere Wesen mit Gott in Verbindung und von Gott bewegt fühlt, in allem, was es ist, fühlt und tut.*[142]

Wenn wir drittens hinzufügen, daß das Psychische als Integrations-macht wirksam wird, dann haben wir die drei wichtigsten Weisen seiner Dynamik hervorgehoben. Vor keiner Tür läßt sich das Psychi-sche abweisen, überall begehrt es Einlaß. Es gibt sich nicht damit zu-frieden, in einem bestimmten Bereich eine Teilbeschäftigung zuge-wiesen zu bekommen. Es ergreift die Person als ganze, alle ihre Schichten und Ebenen und Teilpersönlichkeiten. *Die Seele beginnt, sich selbst zu enthüllen, die psychische Persönlichkeit ersteht schließ-lich in ihrer vollen Gestalt. Die Seele, die psychische Entität, mani-festiert sich damit als das eigentliche Zentralwesen, das Geist und Leib und Leben erhält. Eine Führung, eine Herrschaft von innen her beginnt. Jede einzelne Bewegung setzt sie dem Licht der Wahrheit aus. Sie weist zurück, was falsch, dunkel, was der Realisation Gottes feindlich ist. Jede Region des Wesens, jeder Winkel und jede Ecke, jede Bewegung, Formation, Zielung, Denkrichtung, alles: Wille, Ge-fühl, Wahrnehmen, Handeln, Reagieren, Motiv, Einstellung, Vor-haben, Wunsch, Gewohnheit des bewußten wie unbewußten Physi-schen, selbst das völlig Verborgene, Versteckte, Stumme, Abseitige wird von dem unfehlbaren psychischen Licht erhellt. Unklarheiten werden aufgeklärt, Verwirrungen werden entwirrt, Dunkelheit, Trug, Selbstbetrug wird genau bezeichnet und beseitigt. Alles wird gerei-nigt, in Ordnung gebracht, die Gesamtnatur harmonisiert, auf den psychischen Ton gestimmt, in die spirituelle Ordnung gefügt.*[143] Dies aber heißt nicht, daß alles auf einen Nenner gebracht und einge-ebnet werden soll. Aber einzelne Seiten des menschlichen Gesamtwe-sens sollen keinen Anspruch auf Eigenmächtigkeit und Eigengesetz-lichkeit erheben dürfen. Die Person soll ein kommunikativer Ge-samtverband, eine integrierte Ganzheit werden. Als Integrations-macht hindert die psychische Dynamik die Person daran, Teile ihrer selbst am Wege liegen zu lassen, Teile ihrer selbst auf Kosten anderer zu entwickeln oder auszuleben, Teile ihrer selbst zu Ansehen zu erheben, um andere in Armut und Schande zu verstoßen. Gewiß, nicht alle *Teilpersönlichkeiten* der umfassenden *Gesamtpersönlichkeit* können zu gleicher Vollkommenheit aufsteigen. Dafür sorgt die Verschiedenheit der Begabungen und Möglichkeiten oder die Verschiedenheit der metaphysischen Fassungskraft von Person zu Person. Vorrang und Glanz aber sollen nicht auf Unrecht, Bescheidenheit und Zurücktreten nicht auf Entrechtung beruhen. Als Integrationsmacht drängt das Psychische auf das hin, was Aurobindo dann harmonische *Fülle des Seins* nennt.

Die psychische Wandlung, die nun nach ihren drei Hauptaspekten charakterisiert ist, ist prinzipiell ein *Werkzeugwerden*, eine Bereitstellung, ein intensives Sich-zur-Verfügung-Stellen, ein Sichöffnen. Sie ist in sich noch nichts Fertiges, sie deutet auf etwas hin. Sie ist der rechte Anfang dessen, was folgen soll und muß. Und doch kann diese vorbereitende Wandlung die erfüllende Antwort nicht erzwingen. Und man kann auch nicht eigentlich einwenden, daß hier der Mensch mit stolzem Vertrauen in die eigenen Willensmöglichkeiten alle wesentlichen Vorbereitungen selbständig und eigenmächtig in Szene setzt, daß hier von der so stark betonten Absage an alle autonomistischen Unternehmungen eigentlich nichts mehr zu spüren ist. Ein Minimum an seelischer Gestrafftheit, ein den Prozeß in Gang setzendes *Ich will mich aufmachen* ist auf seiten des Menschen unabdingbar, obwohl Aurobindo auch Ausnahmen, nämlich ein gnadenhaftes *Überfallenwerden*, sehr wohl kennt. Aber mit solchen Ausnahmen zu rechnen, hieße den gesamten Wandlungsprozeß zu einer Magie oder Mechanik der Herabkunft werden lassen. Geschieht aber jene einen konkreten Anfang setzende Wendung, wenn auch verworren, zögernd, aber immerhin doch so aufrichtig, wie es unter den gegebenen Umständen möglich ist, so steht das Individuum sogleich vor der Erfahrung: Mein Handeln ist ein Gehandeltwerden. Staunend und betroffen steht es vor dem sich regenden Mysterium seines tiefsten Selbst, vor dem Psychischen, das nach Aurobindo dessen unmittelbarer Reflex ist. Dieses Psychische aber hat, wie ausgeführt war, seine eigene Dynamik, so daß nicht gleichnishaft, sondern ganz direkt von einer Neugeburt schon auf dieser Ebene gesprochen werden konnte. Das empirische Ich würde die nun einsetzende Handlung nie selbst zustande bringen. Weshalb aber darf ein solches Psychisches zur ursprünglichen Wesenskonstitution des Menschen gezählt werden? Auf Grund der Involution, antwortet Aurobindo, die der Evolution entspricht. Evolution ist nur möglich auf Grund der *Involution*. Die Schöpfung hat einen bleibenden Relationszusammenhang mit Gott, sie ist keine absolute Wesenlosigkeit. Und wenn es in solchen Zusammenhängen direkt heißen kann, Gott bleibe ihr *immanent*, dann ist Immanenz hier eine typisch indische Konzeption. Sie meint nicht, was der Westen unter Immanenz versteht, nämlich die in sich verlorene, nur auf sich gestellte, autonome oder säkulare Welt. Immanenz heißt hier vielmehr die Immanenz des Transzendenten oder das immanent Transzendente, also nicht transzendenzlose Immanenz. Alle Immanenz ist transparentes Zeichen, bedeutungsvolle Chiffre, Sein ist Hinweis auf Wesen.

Was also war das Ergebnis der ersten oder psychischen Wandlung? *Das Ergebnis ist dies: das gesamte bewußte Sein ist offen für geistige Erfahrung jeder Art. Es ist der geistigen Wahrheit im Denken, Fühlen, Wahrnehmen und Handeln zugewandt, es ist auf rechtes Erwidern eingestellt.* Wenn aber Aurobindo dieses Ergebnis etwas genauer analysiert, wird zugleich auch der Übergang zur zweiten, zu der sich anschließenden geistigen Wandlung, in etwa deutlich. Er sagt: *Dies ist das erste Ergebnis, das zweite aber ist ein freies Einfließen aller Art von geistiger Erfahrung, Erfahrung des Selbst, Erfahrung Gottes und der göttlichen Schaffensmacht, Erfahrung des kosmischen Bewußtseins, eine direkte Berührung mit kosmischen Kräften und mit verborgenen Bewegungen der universellen Natur, eine psychische Sympathie, Einigung, innere Kommunikation und verschiedenartige wechselseitige Beziehung zu anderen Wesen und zur Natur schlechthin, Erleuchtung des Geistes mit Wissen, Erleuchtung des Herzens durch Liebe und Devotion, durch spirituelle Freude und Ekstase, Erleuchtung der Sinne und des Leibes durch höhere Erfahrungen, Erleuchtung des dynamischen Tuns in Wahrheit und Werte, Läuterung von Geist, Herz und Seele. Die Gewißheiten des göttlichen Lichtes und dessen Führung, die Freude und Macht der göttlichen Kraft strömen herein und wirken im Willen und in der gesamten Lebensführung.*[144] Damit stehen wir bei der zweiten oder der geistigen Wandlung. *Die Kruste zerbricht, oder: der Einschnitt in den Verschluß des Geistes ist gemacht.* Mit derart drastischen Wendungen wird die psychische Wandlung beschrieben, und die bildliche Ausdrucksweise vermittelt zugleich den Sinn des weiteren Vorganges, der nun das *Einströmen*, die *Herabkunft* bringt, aber ebenso als *Durchbruch* und *Aufstieg* beschrieben werden kann. Denn das Einströmen assimiliert und integriert, *hebt* das Bewußtsein und die gesamte Existenz auf eine immer höhere Stufe. Mit einer tatsächlich ekstatischen Beredsamkeit und Wortfülle benennt Aurobindo die Unendlichkeit wesenhafter Wirklichkeit und Bewußtheit, die den empfangsbereiten Geist überflutet. Die Begrenzungen des Bewußtseins brechen nieder. Licht, Macht, Kraft, kosmische Weite, Unendlichkeit, Ewigkeit wird erfahren, erlebt, gefühlt, gedacht, mit einer das Gesamtsein erfüllenden Positivität vernommen. *In aller Schau, in jeder Form gewahrt man das Ewige, die wirkliche Wirklichkeit. In allen Tönen hört man es, in jeder Berührung fühlt man es. Die Seligkeit des anbetenden Herzens, das Umarmen aller Existenz, das Einswerden im Geist, das sind nun bleibende Wirklichkeiten.*[145] Denn daß sie bleibende Wirklichkeiten werden, daß heißt ein kontinuierliches oder permanentes Festhalten der einmal erreichten Bewußtseinszustände, ist hier ganz eigentlich der Sinn des Assimilierens und des Integrierens. Zu einem Sadhaka, von dem Aurobindo offenbar den Eindruck hat, daß er zuviel redet, wo er nicht

*24. April 1950: Bereit, die Schüler zu empfangen*

genügend erfahren hat, sagt er: *Was hat denn das für einen Zweck, darüber zu reden? Kommen die Realisationen?* Das sei die alles entscheidende praktische Frage, und so fährt er fort: *Und wenn sie nicht kommen – warum denn nicht?* [146]

Auch im Prozeß der geistigen Wandlung unterscheidet Aurobindo verschiedene Stufen, über die wir hier um des gedanklichen Anschlusses willen kurz referieren. Das *höhere*, das *erleuchtete* und das *intuitive* Bewußtsein, eines das andere überbietend, führen schließlich zum *Overmind*. Im *Overmind* werden wiederum verschiedene Höhenlagen unterschieden, die *bereits teilweise supramentalen Charakter* haben. Der *Overmind* erschließt sich auf der Höhe der geistigen Wandlung. Und damit haben wir den Anschluß an das Geschehen des 24. November 1926 erreicht, von dem wir sprachen. Denn der *Overmind* als Abgesandter des *Supramentalen* tritt in Sicht. Damit aber steht der Yoga vor einer neuen Phase. War es, von der menschlichen Entwicklungsebene her gesehen, bisher ein Anstieg, der das mentale Anfangsbewußtsein schon weit hinter sich ließ, so beginnt nun der eigentliche Steilanstieg. Alles Bisherige war *transitorisch*, die folgende supramentale Wandlung ist radikal. Und darum ist es nun verständlich, daß er diesen Tag, an dem er fühlte, er habe die beiden ersten Abschnitte zurückgelegt, er könne jetzt das ungewöhnliche Abenteuer der dritten Phase intensiv beginnen, als eine Zäsur in seiner eigenen Seelengeschichte ansah. Geschichte gliedert sich selbst, hat man gesagt; so war es auch hier. An dieser sich von selbst als bedeutungsvoll heraushebenden Stunde ließ er auch seinen Jüngerkreis teilnehmen. In gewisser Hinsicht darf man aber auch sagen, daß jene feierliche Stunde der Begegnung und Segnung für viele zugleich auch eine Abschiedsstunde war. Denn die geistige Gestalt Aurobindos entschwindet nun in nicht mehr leicht zugängliche Fernen.

Ehe das tastende Nachverstehen sich aber in dieses Neuland wagt, das Aurobindo nach seinem Selbstzeugnis nun zu erklimmen unternimmt, müssen wir doch noch fragen, was denn, konkreter, unter dem *Overmind* zu verstehen sei, der wie ein Grenzgänger aus dem Spirituellen ins *Supramentale* hinüberleitet.

Ich komprimiere die Fülle der Aussagen Aurobindos und hebe die folgenden Momente heraus: Der *Overmind* wirkt, schenkt sich oder erschließt sich *spontan*. Man kann zu dieser Bewußtseinsstufe nicht beliebig vom Mentalen her aufsteigen. Der *Overmind* ist ein Ereignis.

*Spontanes Wissen bricht herein, wie wenn Wasserwogen herniederbrechen, so wird es uns bewußt.* Er trägt darum nicht die Narben der aufgewandten Mühe, die unsere Methodologie, unser hypothetisches und beweisendes Vorgehen, kurz, unsere Suche nach Wahrheit hinterläßt. *Von Suchen ist hier nicht die Rede. Da ist keine Spur mentaler Konstruktion, keine harte Mühe der Spekulation oder der mit einer Entdeckung verbundenen Schwierigkeiten. Es handelt sich vielmehr um eine automatische und spontane Erkenntnis von einer höheren Geistebene her, die im Besitz der Wahrheit zu sein scheint,*

nicht aber erst auf der Suche ist nach noch verborgenen oder vorent-
haltenen Wirklichkeiten. – Mit einem einzigen Blick wird eine Masse
substantieller Wahrheit erfaßt. Spontan bedeutet also: Es geht nicht
um vermittelte Erkenntnis im Rahmen eines diskursiven Denkens,
sondern um unmittelbare und direkte Wahrheitsschau. Das Erken-
nenwollen umkreist nicht fragend seinen Gegenstand, sondern empfängt und hat ihn. *Wahrheitsdenken, Wahrheitswahrnehmung,
Wahrheitshandeln* [147], so heißen nun die Kategorien.

Der *Overmind* hat kosmischen Charakter, das heißt: ihm ist *der
Stempel eines individuellen Denkens* nicht mehr aufgeprägt. Das
aber will nicht heißen, daß er unpersönliches oder entpersönlichtes
Denken wäre. Er ist nicht mehr nur-individuelles Denken, sondern
universal, kosmisch und *global. Der Overmind ist ein Prinzip kosmischer Wahrheit. Eine weite, endlose Katholizität ist sein eigenstes
Wesen.* Diese Katholizität ist nun derart real, die auf Totalität ge-
hende Funktion des *Overmind* ist so direkt und gleichsam natürlich, daß auch die Bezeichnung *integral* nicht mehr ganz angemes-
sen erscheint – oder die Vokabel müßte denn meinen: aus Integration über Integration herkommend, Integration in sich aufgenommen haben. Wenn der *Overmind* nicht mehr sagt, *meine* Idee, *seine*
These, der Beitrag jener Autorität, dann darum, weil er sich geweitet
hat und darum fähig geworden ist, universale Ganzheit direkt zu er-
fassen. [148]

Damit aber hängt eng das andere Wesensmerkmal zusammen: Die
Teleologie des *Overmind* kann auf Katholizität oder Ganzheit gehen,
weil er eine die Gegensätze versöhnende Funktion hat. *Das mentale
menschliche Bewußtsein sieht die Welt in Bereichen. Sinne und Vernunft schlagen diese in die Wirklichkeit hinein, und dann fügen sie
sie wiederum in eine Formel zusammen, die aber wieder bereichhaft
ist. Das hier erbaute Haus hat die Bestimmung, die eine oder die andere zur Allgemeingültigkeit erhobene formulierte Wahrheit zu be-
herbergen, aber es schließt den Rest aus. Oder nur noch einiges wenige wird als Gast und Untermieter eingelassen. Das Overmind-Be-
wußtsein ist demgegenüber in seiner Erkenntnishandlung global.
Es vermag jede beliebige Anzahl von scheinbar fundamentalen Un-
terschiedlichkeiten in seiner versöhnenden Schau zusammenzuhalten.*
Das moderne westliche Denken veranschlagt die Bedeutung des er-
kennenden Subjekts für den Erkenntnisprozeß wie für das Erkannte
sehr hoch, und Aurobindo tut auf seine Weise dasselbe. Er sagt: *Da
die Bewußtseinsmacht die universale Schöpferin ist, wird die Natur
einer gegebenen Welt davon abhängen, was für einen Selbstausdruck
sich jenes Bewußtsein in dieser Welt gibt. Dementsprechend wird für
jedes Individuum die Art, wie es seine Welt sieht oder sie sich vor-
stellt, von der Bewußtseinshaltung oder der Prägung abhängen, die
das Bewußtsein in ihm angenommen hat.* Und so gelangt das *Overmind*-Bewußtsein, auf Grund der Integration, die es vollzogen hat,
infolge der Veränderungen, die mit ihm vor sich gegangen sind, notwendigerweise zu seiner eigenen, spezifischen Weltsicht, das heißt

zu einer anderen als der üblichen Sicht sowohl von der Welt wie von der Stellung des Menschen im Kosmos. Und so kann die gesamte diffizile Yoga-Philosophie Aurobindos an dieser Stelle in die einfache Formel gefaßt werden: Sage mir, was du aus dir gemacht hast, und ich will dir sagen, wie du die Welt und dich in der Welt siehst. Allerdings spricht er auf diese Weise einem unentwickelten Bewußtsein recht nachdrücklich das Recht ab, seine Dissonanzen, seine Zweifel, seine Selbstverzweiflung, seine Beschränkungen und Beschränktheiten in die Welt hinauszudeuten und damit den Anspruch zu verbinden, all das sei die existentielle oder wissenschaftliche Wahrheit schlechthin. Anders formuliert und der heutigen Einsicht in die grundsätzliche Problematik von Bewußtsein und Denkprozeß gemäß; wir können niemals nur fragen: Was hat er erkannt? Wir müssen vielmehr fragen: Wer hat was erkannt? Die Bedeutungsweite der erkannten Wahrheit entspricht der Reichweite des Bewußtseins. Das *Overmind*-Bewußtsein jedenfalls baut eine *harmonische* Welt auf. *Der Overmind ist ein Organisator der vielen Möglichkeiten des Existierenden. Jede Möglichkeit bestätigt er in ihrer gesonderten Wirklichkeit, und doch ist er durchaus imstande, sie alle auf vielerlei Art zu verbinden. Der Overmind ist der Magier, der befähigt ist, das vielfarbige Kleid und Tuch einer Manifestation derart zu weben, daß diese eine einzige Wesenheit in einem doch komplexen Universum ist.* Oder aber: *Was für die mentale Vernunft unversöhnliche Verschiedenheiten sind, stellt sich der Overmind-Intelligenz als viele koexistierende Korrelativa dar. Was für die mentale Vernunft konträr ist, ist für die Overmind-Intelligenz komplementär.*

Diesem systematischen Denkmodell folgt das in der griechischen Tradition stehende westliche Denken nicht. Unser Denken wird zum Beispiel das Persönliche als das Grundwirkliche fassen. Es wird alles Unpersönliche als Abstraktion, als bloßen Stoff oder als Medium für das Hervortreten des Persönlichen ansprechen. Umgekehrt wird eine unpersonale Grundorientierung das Persönliche nur als temporäre Formation, als Zuständlichkeit des Durchganges, als Zweckkonstruktion oder lediglich als Fiktion auffassen. Personal und Unpersonal bleiben die Grundgegensätze, und als solche durchziehen sie besonders die Bewertung der Religionen. Oder aber der Stoff, die Materie erscheint als die eine Urmatrix, der alles entstammt, in die alles zurückmündet. Während eine prinzipiell idealistische Grundkonzeption umgekehrt den Geist, den Logos oder auch den Willen als eigentliches Wesen aller Dinge erkennt. All die großen Themen des abendländischen Denkens – Leib und Seele, Denken und Existieren, Freiheit und Notwendigkeit, Form und Materie – sind in der Wurzel antagonistische Gegensätze, um deren synthetische Inbezugsetzung das Denken sich durch die Jahrhunderte müht. Im Hinblick auf solche Gegensätze erklärt jedoch Aurobindo: *Für die Overmind-Intelligenz sind jene die unterscheidbaren Mächte des einen Existierenden. Sie können sich unabhängig auswirken und unabhängig selbst bejahen, und sie können ihre verschiedenen Modi des Wirkens ebenso miteinander*

*verbinden. Mit ihrer Unabhängigkeit und ihrem Zusammentreten schaffen sie verschiedene Zuständlichkeiten des Bewußtseins wie des Seins, die alle gültig sein können und alle zu koexistieren fähig sind.*[149]
Es ist wichtig, zu sehen, daß wir hier vor einem Denkmodell stehen, dem unser abendländisches Denken, von Seitenströmungen abgesehen, nicht folgt. Nur wenn wir diese grundlegende Verschiedenheit erkennen, können wir vorschnelle Wertungen vermeiden. Denn es handelt sich nicht um irgendeine Form der Gegensatzdialektik, auch nicht um das im Anschluß an das griechische Denken im Abendland entwickelte Motiv der Einheit in der Fülle oder in der Mannigfaltigkeit. Auch ist keine Rede von einem mystischen Monismus, der die Gegensätze wegharmonisiert. Es handelt sich vielmehr um ein Denkmodell, das in präziserer Auseinandersetzung mit östlichem Denken als «Juxtaposition und Identität» charakterisiert worden ist. Diese Denkweise ist grundlegend durch zweierlei charakterisiert. Sie denkt erstens nicht in antagonistischen Gegensätzen, sondern in Polaritäten. Die Welt ist nicht Objekt, scharf getrennt vom Subjekt, weit hinausgeworfen in eine dem Subjekt unbekannte Ansichheit. Das Ich bleibt im Gegenteil ständig so nahe wie möglich beim Sein. Diese Einstellung hat man Philousia, das beharrliche Im-Sein-Bleiben des Ostens, genannt. Im Gegensatz dazu steht die westliche Philosophia oder Theorie, die sich das Sein in weiter Distanz gegenüberstellt. Ein feindliches Zusammenprallen von Gegensätzen oder Inkommensurabilitäten kennt man hier, nicht aber dort. Die verschiedenen Polaritäten werden durchaus nicht eliminiert; sie bestehen einfach nebeneinander – darum «Juxtaposition». Das Komplement aber zu Nebeneinander oder Trennung ist Identifikation, nicht etwa Kompromiß oder Übergang. Und so verbindet östliches Denken mit der Nebeneinanderstellung das zweite Prinzip, Identifikation oder «Identität». Die Polaritäten wirken aufeinander, wenn auch nicht als antagonistische Gegensätze; an einem bestimmten Punkt aber neutralisieren sie sich. Dieser Neutralisierungspunkt ist das Wirkliche, das wahre Sein, dessen Modi alles und alle sind, auch der Mensch. Abendländische Theoria unternimmt es, in weiter Diastase oder gar Antithetik Gegensätze aufzustellen, um sie danach durch eine Gedankenkonstruktion des Ich miteinander zu verknüpfen und zu synthetisieren. Nichts weniger als das tut die östliche Philousia. Sie sucht von vornherein zu dem Punkt vorzustoßen, in dem sich Nebeneinander und Identität neutralisieren oder die Waage halten. Abendländisches Denken bekennt heute, daß das weit von sich gestoßene Objekt auch im kompliziertesten wissenschaftlichen Denkprozeß der Wiedereroberung sich immer mehr entzieht, immer rätselhafter wird. Wenn das erkennende Subjekt am Ende mit nichts weiter als der Antwort auf eben die eigene Frage an die Natur dastehe, dann stehe man eigentlich nur wiederum dort, von wo man ausgegangen sei. Die Natur an sich bleibe eine Unbekannte. Man beginnt zu ahnen, daß die östliche Philousia mit ihrer Nähe zum Sein vielleicht eine Haltung ist, die vor allem für die den Menschen wirklich persönlich angehen-

den Lebensfragen von Vorteil sein könnte. William S. Haas sagt darum: «Diese [Denk-]Struktur, Nebeneinanderstellung und Identität, erscheint einfach und doch zugleich radikal. Wenn es auf uns als Übervereinfachung wirkt... so wäre es doch unklug, auf einem solchen Eindruck zu beharren und dann dementsprechend zu urteilen... Diese Einstellung kann an Indifferenz oder Naivität grenzen. Aber sie kann auch den Charakter überlegener Toleranz und Ausdauer annehmen, tiefer Bescheidenheit, eines Nichtbetroffenseins von allem Existierenden oder auch fast religiöser Ehrfurcht davor. Auf diese Weise können nicht nur tiefe Einsichten in das Wesen der Dinge und des Menschen, sondern auch erhabene Formen menschlicher Würde ermöglicht werden.»[150]

Das Abendland ist in seiner Auseinandersetzung mit dem Orient zunächst von der naiven Annahme ausgegangen, seine eigene überlieferte Weise, sich und die Welt zu begreifen, sei die dem Menschen schlechthin angemessene. Betroffen von den tatsächlichen philosophischen Aussagen des Ostens hat es darum entweder kapituliert und in einer unkritischen Überschätzung der Devise «ex oriente lux» alles Östliche schrankenlos glorifiziert. Oder aber es hat das störende Element als Monismus und Mystizismus, der natürlich und besonders das Christentum verletzt, verabscheut. Erst heute, da die Welt auch geistig enger zusammenrückt und aus realer Lebensnotwendigkeit intensiver auf gegenseitiges geistiges Verständnis angewiesen ist, fangen wir an, die weitgehende Unzulänglichkeit unserer Schlagwörter zu erkennen. Daß jedenfalls Nachverstehen vorerst die dringlichere Aufgabe bleibt, mag das Phänomen Aurobindo gerade an dieser Stelle verdeutlichen, da seine *Overmind*-Intelligenz sich ins Märchenhafte zu verlieren scheint. Seine Aussagen erscheinen aber sofort in einem völlig anderen Licht, wenn wir zu verstehen suchen, daß sie einem grundsätzlich anderen Denkmodell entsprechen, das sich zu unserem vielleicht komplementär verhält, demgegenüber unsere Denkweise jedenfalls keine Ausschließlichkeitsansprüche mehr erheben kann. Mit Mystizismus und dem, was eine gängige Kritik darunter versteht, hat Aurobindo nichts zu tun – um dies noch einmal deutlich auszusprechen. Er stellt uns vor ein grundsätzliches Verstehensproblem, das uns fremd erscheint. Ob es aber ganz unnachvollziehbar ist, bleibt offen. Aurobindo meint: *Ich sehe nicht ein, warum da ein so unüberbrückbarer Abgrund bestehen soll. Denn tatsächlich besteht kein wesenhafter Unterschied zwischen geistigem Leben in Ost und West. Die Unterschiede betreffen immer nur die Namen, Formen und Symbole. Oder aber der Nachdruck wird auf das eine oder das andere bestimmte Ziel oder auf die eine oder die andere Seite der psychologischen Erfahrung gelegt. Und selbst in dieser Hinsicht werden die Unterschiede oft nur willkürlich angenommen, während sie in Wahrheit gar nicht bestehen oder doch nicht so groß sind, wie es den Anschein hat.*[151] Es mag wiederum eine Bekundung jener Philousia sein, daß Aurobindo diesen Glauben an die wesensverbundene Einheit alles so verschiedenen Menschlichen aufrechterhält.

Ekstase des Seins ist das vierte Merkmal des *Overmind*-Bewußtseins. In allen Harmonien und Disharmonien gewahrt es *die zugrunde liegende Dynamik der Einheit*. Wesenhafte Harmonien zu erleben, ist ein beseligendes Erlebnis der Selbsterfahrung im Kosmos. Aurobindo kann darum in mythologischer Diktion vom *Krishna-Bewußtsein* sprechen, denn Krishna, hier als mythisches Symbol für eine bestimmte Bewußtseinslage genommen, ist nach der Mythologie «Freude und Seligkeit» schenkend.

Es hat keinen zweiten Tag gleich dem 24. November 1926 im Leben Aurobindos gegeben. Zumindest hat er nie verkündet, auch sein Fernziel, das Supramentale, sei realisiert. Und dies spricht vielleicht in ganz besonderem Maße für Aurobindos Aufrichtigkeit und Besonnenheit. Wenn er den letzten Anstieg, den er vor sich sah, mit dem Wagnis vergleicht, in noch nicht erforschtes Hochgebirge vorzudringen, so weist er darauf hin, daß jeder Schritt und Tritt mit äußerster Vorsicht zu tun sei. Hier gibt es erst recht kein Vorwärtsstürmen und auch kein Nehmen mit Gewalt. *Derart kann die Pforte zum Supramentalen nicht aufgerissen werden.* Hastige Ansätze fallen von selbst in sich zusammen. *Es ist überaus unbesonnen, wenn jemand voreilig und zur Unzeit behauptet, er sei im Besitz des Supermind oder habe auch nur einen Vorgeschmack davon. Ein solcher Anspruch ist gewöhnlich von einem Ausbruch von Super-Egoismus begleitet, einem radikalen Fehler der Wahrnehmung.*

Nicht zur Unzeit nehmen, sondern zu gegebener Zeit aufnahmebereit sein, ist das Werdegesetz seines Yoga von Anbeginn. *Man muß vom Overmind und Supermind etwas wissen, aber man sollte keinerlei Ehrgeiz haben, sie zu erlangen. Dies muß man als das natürliche Ergebnis der Yoga-Bemühung ansehen, das sich von selbst ergibt.*[152] Hat, bündig gefragt, Aurobindo die letzte und schwierigste Steilwand, die er vor sich sah, erstiegen? Ist ihm das Unerhörte gelungen? An Hand aller Zeugnisse der langen Jahre bis zu seinem Tode im Jahre 1950 wird man wohl antworten müssen: Er war dazu mit sicherem Entschluß auf dem Wege. Einerseits finden wir gerade beim alten Aurobindo die wiederholte, an Intensität zunehmende Klage über das *zähe Widerstreben* der Natur. So konnte auch nach seinem Hinscheiden der Glaube entstehen, er werde *von der anderen Seite her*, das heißt in seiner exkorporierten Existenz, den Weg mit größerer Kraft fortsetzen und vollenden. Auf jeden Fall blieb er dem Ethos seiner eigenen Worte treu, man dürfe das Tor zum Ziel nicht mit Gewalt aufstoßen. Was die formende Wirkung seines persönlichen Vorangehens auf andere oder auf die Menschheit anlangt, so heißt es zum Beispiel im Jahre 1933: *Nicht das gesamte Erdbewußtsein wird supramentalisiert werden.* Einige wenige, auf die es im Interesse des Gesamtfortschrittes ankomme, werden aber diesen Schritt tun. An dieser ursprünglichen Auffassung hält Aurobindo unverändert fest. Er muß zugeben: *Ich glaube, ich habe wohl einige Ungeduld gezeigt, weil so viele nur so langsam erfahren, was schließlich doch nichts weiter als ein logischer Schluß ist, der sich aus dem Prinzip un-*

*seres Yoga unmittelbar ergibt.* Aber um die gleiche Zeit heißt es: *Nein, ich bin nicht müde geworden, und ich bin nicht dabei, es aufzugeben. Wenn auf der einen Seite viel Widerstand ist, dann ist auch viel Gewinn auf der anderen. Das Ganze ist kein Bild steriler Dunkelheit.*[153] Gewiß ist jedenfalls, daß er nicht etwa auf den einen oder anderen gewiesen und ihn als bereits vollendeten, supramentalen Übermenschen anerkannt hat. Aus seinen Briefen an Sadhakas erfahren wir aber auch, daß er von manchen glaubte, sie seien auf dem rechten Weg oder schon bedeutend fortgeschritten.

Wie aber ist es sachlich um diesen letzten Anstieg bestellt? Inwiefern kann Aurobindo von ihm als einem *logischen Schluß* sprechen, der sich eigentlich aus dem Gesamtyoga von selbst ergibt? Dafür ist vielleicht die folgende bildhaft formulierte Stelle besonders aufschlußreich: *Die Herabkunft des Overmind ist nicht imstande, die Unwissenheit innerhalb der irdischen Evolution völlig zu beseitigen. Sie kann nur in einem jeden, den sie berührt, sein eigenes gesamtes bewußtes Sein transformieren. Aber eine Basis der Unwissenheit bleibt doch noch zurück. Es würde so sein, wie wenn die Sonne in eine ursprüngliche Dunkelheit des Raumes hineinstrahlte und alles, das ihre Strahlen erreichen, erleuchtete. Was sich in diesem Licht befände, würde dann seiner Existenzerfahrung entsprechend meinen, daß es überhaupt keine Dunkelheit gibt. Außerhalb dieser Sphäre oder dieses Raumes der Erfahrung jedoch wäre die ursprüngliche Dunkelheit immer noch da, und sie könnte wieder in die Inseln des Lichtes eindringen, die in diesem Imperium entstanden sind.*[154] Der *Overmind*-Wandel betrifft einzelne Menschen und sogar große Gruppen von Individuen, aber er betrifft noch nicht die Ganzheit schlechthin. Was er an einzelnen oder vielen jetzt tut, ist noch keine Gewähr für die Zukunft. Die auf Partielles und Desintegration hinarbeitenden Gegenkräfte sind nicht grundsätzlich entmachtet. Das neue Bewußtsein ist noch längst kein allgemeines und stabilisiertes menschliches Allgemeinbewußtsein für alle Zukunft, nicht einmal für ihren nächsten Entwicklungsabschnitt. In allem weiteren geht es also um die *gesicherte Basis der gnostischen Evolution.* Romain Rolland hat von Aurobindo gemeint, er «sei von einem Glauben ohnegleichen an die unbegrenzten Kräfte der Seele und an den menschlichen Fortschritt entflammt»[155]. Entsprechend wagt Aurobindo sich in der dritten oder supramentalen Wandlung an diese Aufgabe, der so hoch angesetzten Möglichkeit menschlicher Bewußtheit eine gesicherte Basis zu geben. Eine die Geschlechterfolgen überdauernde, gefestigte Mutation zu gewinnen, zumindest für die Avantgarde der Evolution, das ist es, was Aurobindo als eine logische Folge des Gesamtyoga angesehen wissen will.

Wenn also die dritte oder supramentale Wandlung auf die habituelle oder permanente Umstrukturierung und Erweiterung des Bewußtseins zielt, ist sie die eigentliche Krönung des Gesamtprozesses. Zugleich aber ist sie auf Grund immer neuer, fortschreitender *Herabkunft* etwas wirklich Neues. Zur Verdeutlichung geben wir die drei wichtigsten Symbole an, die Aurobindo für diese Stufe aufgestellt hat. Diese sind der *supramentale Leib*, die *supramentalen Instrumente* und die *supramentale Real-Idee*.

Es ist gewiß kein Zufall, daß auf der Höhe des Gedankenfluges das Problem des Leibes auf dieses Yoga-Denken mit voller Schwere zurückfällt. Kann der menschliche Leib all diesen Erwartungen überhaupt genügen? Aurobindo erkennt, daß seine geistige Evolutionsidee als Grundlage eine physische Evolution impliziert, die nicht minder ungewöhnliche Anforderungen stellt. Er bleibt andererseits seinem erdverbundenen Grundmotiv insofern grundsätzlich treu, als er auf dieser Stufe erst recht den Weg des Asketentums negiert, der das Leibliche übersehen und aus dem Bereich des ideellen Einsatzes hinausweisen möchte. Geht es

Romain Rolland

ihm doch um ein höheres menschliches Existieren *in der Welt, hier auf der Erde* und nicht in einer himmlischen civitas platonica. Dieser irdische Leib muß im Vollzug der Gesamtevolution seinerseits durchgreifenden Wandlungen unterworfen werden. Daß auch der Leib in höherem Maße den Anforderungen des Geistes entsprechen soll, daran werden wir dauernd erinnert. Nun aber heißt das Ideal so: *Als Instrument müßte der Leib eine volle Fülle an Können erwerben, eine totale Geeignetheit, was immer sein Besitzer auch von ihm verlangen mag, selbst wenn es weit über dem liegt, was heute möglich ist. Der Leib wäre weiterhin ein Offenbarungsgefäß höchster Schönheit und Entzückung, er ließe die lichte Schönheit des Geistes in sich aufwallen und von sich ausstrahlen, wie eine Lampe das Leuchten der Flamme in ihr von sich gibt. Er müßte die Seligkeit des Geistes in sich bergen, die Freude des schauenden Geistes, die Freude des Lebens wie der geistigen Glückseligkeit, ebenso die Freude der Materie, nun freigelassen in ein geistiges Bewußtsein und erfüllt mit einer ständigen Ekstase. Dies würde die totale Vollkommenheit des vergeistigten Leibes sein.* Es fällt auf, daß Aurobindo bezeichnenderweise von diesem *Jahrhunderte alten Traum* der Vervollkommnung des Leibes nicht nur in dem genannten Zitat, sondern immer in Postulaten spricht, ganz im Gegensatz zu seinem sonst apodiktischen Redestil. Konkret aber stellen sich für ihn besonders zwei Probleme: das der Nahrungsaufnahme und das des Sexus. Beider natürliche Funktion erscheint nun grob und entwicklungsbedürftig. Was das Ernährungsproblem anlangt, so wird der supramentale Leib *neue Organe* entwickeln, die aus der uns umgebenden universellen Lebensenergie die eigene Lebensenergie gleichsam aufsaugen werden. Was den Sexus anlangt, so wird bei fortschreitender Wandlung nicht nur das *grobe physische Genießen* ausgeschieden. Der Sexus wird sich in steigendem Maße dem *psychischen und geistigen Impuls* angleichen, um schließlich in eine allumfassende göttliche Liebe zu münden. *Dieser Erhöhung und dieser Vollendung wird auch die Liebe von Mann und Frau unterworfen sein.* Sexus ist eine normale Funktion des normalen Lebens. Mit den unteren Stufen des Yoga mag er verträglich sein, mit seinen höheren Ebenen nicht.

Wie aber stände es um die Fortsetzung des irdischen Lebens, wenn sich jedermann diesem Ideal verschriebe? Die eine Antwort lautet: *Immer wird es die Masse geben, die sich mit dem Ideal nicht befaßt oder nicht bereit ist, es völlig zu praktizieren. Ihr kann die Aufgabe, für die Fortpflanzung zu sorgen, überlassen werden.* Zu dieser abschätzigen, das erdverbundene Grundmotiv überraschend einschränkenden Antwort tritt die andere Überlegung: *Die Notwendigkeit einer physischen Fortpflanzung könnte vermieden werden, wenn neue Wege supra-physischer Art entwickelt würden.* Nun greift Aurobindo die Phänomene von Materialisation und Dematerialisation auf. Dabei knüpft er an Praktiken des Okkultismus an. Er bezieht sich auf die alten indischen «Äther-Theorien», die ein «feingeistiges» Äthermedium zwischen Materie und Geist annehmen. Yoga-Energie soll einen zeugenden Sprung in das feingeistige Medium und von hier in die materielle Erscheinungsform möglich machen, *und zwar durch direkte Mutation, ohne ein Hindurchgehen durch die Geburtsvorgänge. Solche Leibesmöglichkeiten müssen in einer progressiven Evolution hervortreten, sowohl im Leben wie in der Form einer divinisierten Erdnatur.*[156]

Damit sehen wir Aurobindos Denken allerdings in einen ausgesprochen spekulativen Evolutionismus einmünden, der sich um die konkreten Probleme der wissenschaftlichen Entwicklungslehre, um Erbforschung, aber auch um das große Problem der mann-weiblichen Wesensverschiedenheit und andere Tatsachen wenig kümmert. Man hat kritisch von einer androgynen Konzeption bei Aurobindo gesprochen. Mann-weibliche Differenzierungen spielen im Denken Aurobindos jedoch eine so geringe Rolle, daß es genügt, einen ausgesprochen spekulativen Evolutionismus festzustellen, ohne daß man jedoch sagen dürfte, dieser sei beherrschend. So dürfte der supramentalisierte Leib das erste Symbol, das er zur Kennzeichnung der dritten Wandlung aufstellt, der Inbegriff der Kritik sein, die gegen Aurobindo vorzubringen ist. In dieser überspekulativen Spitze seines Yoga werden wir unschwer einen Rest der indischen Tradition erkennen, jener *Weigerung des Asketen,* der Erde zu geben, was der Erde ist. Je entschiedener wir aber Aurobindos grundsätzliche Durchbrüche würdi-

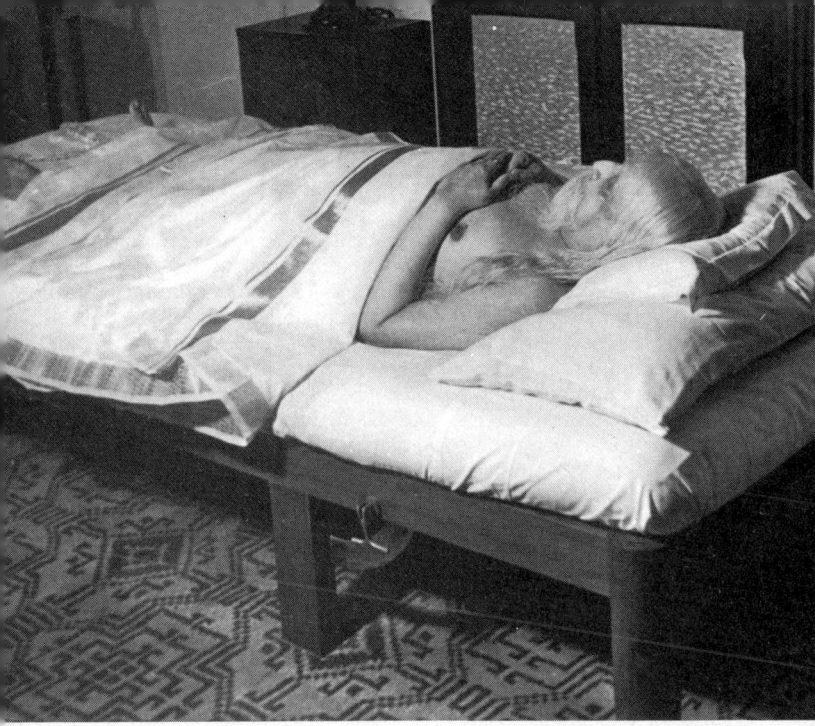

*5. Dezember 1950: Aurobindo auf dem Totenbett*

gen, desto weniger werden wir es einem Manne, der einen Wald um-
gehauen hat, verargen, daß Splitter an seinem Gewand hängen bleiben.

Es gibt sehr viele Zeugnisse von Zeitgenossen, die besonders den
Aurobindo der Spätzeit als ein leuchtendes, ergreifendes, fast unir-
disches Phänomen erlebt haben. Wissenschaftlich wichtiger ist die aus
Regierungsakten belegbare Tatsache, daß nach Aurobindos Hinscheiden am 5. Dezember 1950 sein Leichnam auf Grund einer besonderen, immer wieder erneuerten polizeilichen Erlaubnis erst hundert-
undelf Stunden nach seinem Tod beigesetzt wurde. Bei dem sehr feuch-
ten und sehr heißen Klima Pondicherrys haben Beisetzungen oder
Verbrennungen sonst sofort, das heißt ein oder zwei Stunden nach
dem Tod stattzufinden. Angesichts unseres durch die psychosomati-
sche Medizin, durch Psychiatrie und Tiefenpsychologie erweiterten
Verständnisses der Leib-Geist- oder Leib-Seele-Relation wird uns die
Zielsetzung Aurobindos, ein erweitertes Bewußtsein *bis in die Zellen*
des Leibes reichen zu lassen, wohl alles weniger als absurd erscheinen.

Auf das zweite Symbol, das Aurobindo zur Kennzeichnung des
supramentalen Bewußtseins aufstellt, die *supramentalen Instrumen-*
*te,* darf in Kürze hingewiesen werden. Denn faktisch sind die so zu-
sammengestellten neuen Fähigkeiten eines geweiteten Bewußtseins
schon vorher öfter zur Sprache gekommen. Das supramentale Ver-

nunftdenken, Auge, Ohr, Fühlen, Reden, Gedächtnis, Urteil, der supramentale sechste Sinn oder die supramentale vierte Dimension, sie alle zielen nicht nur auf die gewöhnliche Perzeption, sondern auf Wesen, Sinn, Qualität, Seele, innere Wahrheit, Wesensgestalt, Transparenz, Totalität und gleichzeitige differenzierteste Individualität.[157] Wir dürfen aber hervorheben, daß eine Reihe der hier betonten Phänomene im Zusammenhang mit ganz anderen Forschungsgebieten im Westen ihre tatsächliche oder teilweise Bestätigung findet. Wenn zum Beispiel das supramentale Gedächtnis ein Sicherinnern von weit her ist, weit über die individuelle Existenz hinaus, eine «Erinnerung an Vorgewußtes», so werden wir an das phylogenetische Erinnerungsvermögen oder an die spezifischen Kundgaben des kollektiven Unbewußten – wie die neuere Psychologie sie kennt – erinnert. Oder wenn die supramentale Zeitform eine Vergangenheit und Zukunft zusammenziehende Gegenwärtigkeit und der supramentale sechste Sinn und das supramentale Fühlen eine die fünf Sinne transzendierende Kontaktnahme und Kontaktmöglichkeit bedeutet, dann bieten sich zum Vergleich die «Psi-Fähigkeiten» oder die «Fähigkeiten der außersinnlichen Wahrnehmung» der neueren parapsychologischen Forschung an, die Phänomene der Telepathie, der Präkognition, der Postkognition usw. Tatsache ist, daß Aurobindo den Yoga seiner Schüler weithin in eben diesem durch die supramentale Kategorie bestimmten Sinne geleitet hat, nämlich durch «Aus-

*Die letzte Verklärung*

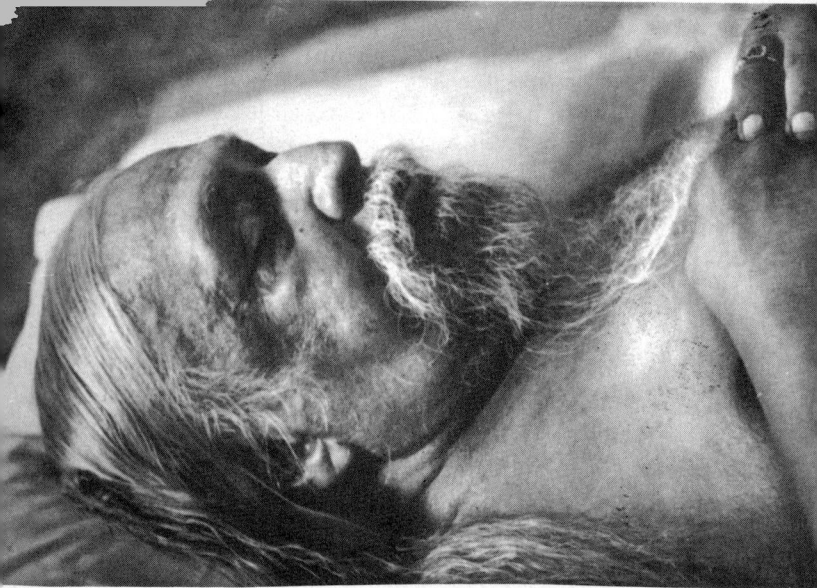

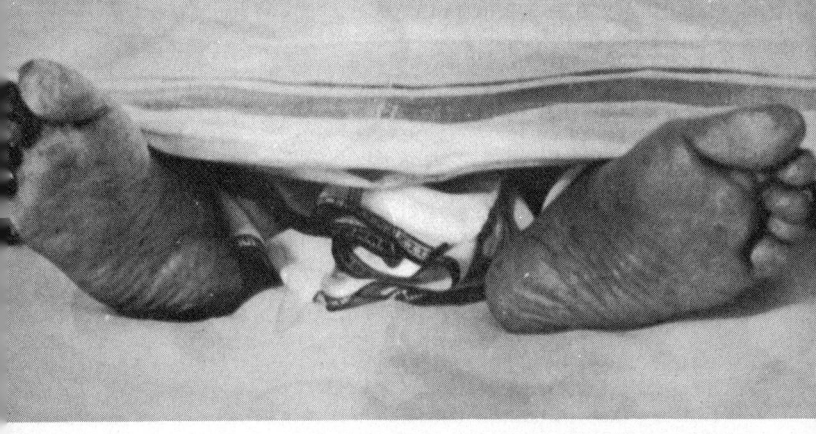

*Die Füße des Meisters – ein typisch indisches Motiv*

senden einer Kraft», durch «direkte Einwirkung» oder durch «Konzentration» auf sie. Tatsache ist ebenso, daß von Aurobindos Briefen eine durch ihren Inhalt nicht erklärbare Wirkung auf viele Empfänger ausgeübt wurde, im Sinne einer Ermutigung, eines Sich-selber-Findens, einer Klärung, Wandlung, Vertiefung und Verinnerlichung der Gesamtperson, oder aber auch im Sinne der körperlichen Heilung. Darüber hat er selbst nie viele Worte verloren. Allgemein nur hebt er hervor, daß mancher einen inneren Sieg seinem eigenen Mut zuschreibt, ohne zu wissen, woher ihm die helfende Kraft in Wahrheit gekommen ist.

Das dritte Symbol zur Kennzeichnung des supramentalen Bewußtseins, die *Real-Idee*, ist jedoch das wichtigste – kann es doch als zusammenfassender Ausdruck des gesamten Yoga angesprochen werden. Wir könnten auch von der Vorstellung der vollkommenen Individuation reden, die in Aurobindos Bewußtsein lebt und sich hier zusammenfaßt. Man darf ferner sagen, daß der Terminus *Real-Idee* eine typische Formulierung nach dem Denkmodell «Juxtaposition und Identität» ist, indem er die Gegensätze unmittelbar nebeneinander stellt, um sie durch Identität verbunden zu denken. *Real-Idee* ist ein Symbol, das den *Realismus des Wahrheitsbewußtseins* bezeichnet, der dem supramentalen Menschen der dritten Wandlung, dem gnostischen Übermenschen, hier zugeschrieben wird. Wie äußert sich dieses Bewußtsein?

*Ein vollkommenes Wissen um sich selbst in allen Bezügen und zu jeder Zeit, das ist die Gabe der supramentalen Gnosis.* Bei diesem vollkommenen Wissen um sich selbst, betont Aurobindo, handelt es sich nicht um das Streben des Geistes, sich die Natur untertan zu machen. Als schöpferische Bewußtseinsmacht ist jenes Wissen vielmehr mit der *Fähigkeit vollkommenen Selbstausdruckes* identisch. *Was an Erkenntnis seiner selbst da ist, würde seinen vollkommenen Ausdruck im Willen des Selbst finden.*[158] Es handelt sich also nicht um ein Herrschenkönnen *über* die Natur, sondern darum, *in* der Natur, das

135

heißt in der Welt, vollkommen konkret zu sein, was man innerlich ist. Es geht um den Ausdruck seiner selbst. In den niederen Graden gnostischer Existenz gibt es Einschränkungen; man muß zunächst der einen oder der anderen Seite seines Wesens zum Ausdruck verhelfen. Zuletzt aber hält Aurobindo eine umfassende Integration für möglich, bei der man sich ganz in die Hand bekommt. Es wäre ungenau, von etwas, das man in die Hand bekommen muß, und einem anderen, der es in die Hand nimmt, zu reden. Denn man ist total, was man ist, das heißt, die eigene innere Wahrheit des persönlichen Selbstseins findet ihren gemäßen Ausdruck in der realen Existenz. Diese ist jene, nämlich stets und immer *eine Totalität, eine Harmonie, ein Sich-selber-Gleiches.* Das wäre die vollkommene Selbstwerdung und Individuation.

Dieses einen vollkommenen Selbstausdruck ermöglichende Bewußtsein ist *kosmische Bewußtheit.* Das schließt natürlich an Aussagen über den *Overmind* direkt an. Man wird einwenden, die Sinnwidrigkeiten des Schicksals, die Katastrophen des eigenen wie des geschichtlichen Lebens, die von den Dichtern als unfühlsam getadelte Natur sorgten schon dafür, daß es zu keinem absolut harmonischen oder ganzheitlichen Selbstausdruck kommen kann, sondern nur zu einer Kette von Anläufen und Fragmenten. Aurobindo antwortet: Weil wir selber der Natur als Fragmente begegnen, fällt sie mit verwundender Fragmentarität auf uns zurück. Denn *das Leiden, das uns das äußere Leben bereitet, und die entsprechenden, so empfindlichen Reaktionen auf unser inneres Leben resultieren aus der Unvollkommenheit unserer Beziehungen zur Welt, unserer Unkenntnis anderer Menschen, unserer Disharmonie mit dem Ganzen der Dinge, unserer Unfähigkeit, unsere Ansprüche an die Welt mit den Ansprüchen der Welt an uns auszugleichen. Die letzte Sinnbeziehung unserer Lebensbahn einerseits und des Zieles der Welt andererseits entzieht sich unserer Einsicht. Um uns mit ihr zu harmonisieren, müssen wir uns auf die Welt werfen und sie uns unterwerfen, oder wir müssen uns unterdrücken und uns der Welt unterwerfen oder zwischen den beiden Notwendigkeiten balancieren. Für das supramentale Wesen, das in einem kosmischen Bewußtsein lebt, besteht dieses Dilemma nicht.*[159] Denn es lebt nicht im Ego, das heißt hier in der ichhaften Haltung der kämpferischen Selbstdurchsetzung oder der sich aufgebenden Selbstunterwerfung. Es lebt vielmehr im Selbst und damit in der wesenhaften Verbundenheit mit allem Sein. Ego trennt, Selbst verbindet. Das supramentale Bewußtsein als kosmisches

schafft also die wahre Wechselbeziehung zwischen Selbst und All. Es hat sie als integrierendes Funktionselement in sich; entsprechend schaut es seine Welt, und entsprechend lebt es in der Welt.

Damit hängt eng ein anderes Struktur- oder Funktionsmoment des supramentalen Bewußtseins zusammen, nämlich seine *kosmische Sympathie.*

*Mit dem befaßt zu sein, was allen Wesen zum Guten dient, Freude und Leid der anderen sich zu eigen zu machen, das hat man als ein Anzeichen für den innerlich frei gewordenen und erfüllten geistigen Menschen beschrieben. Der supramentale Mensch braucht kein altruistisches Sich-selbst-Auslöschen. Denn das vom Altruismus gemeinte Bestreben gehört intim zum Wesen seiner Selbsterfüllung, zur Erfüllung des Einen im Allen. Darum gibt es hier keinen Gegensatz und keine Spannung zwischen dem eigenen Guten und dem Guten anderer. Die kosmische Sympathie ist nur ein Teil der dem supramentalen Menschen eingeborenen Wahrheit seines Seins. Diese benötigt keinen besonderen Entschluß, an den geringeren Freuden oder den Leiden anderer teilzunehmen. Ihr universelles Fühlen, ihr universelles Handeln ist jederzeit spontan und natürlich, eine auto-*

Aurobindos Grab im Innenhof des Ashrams

*matische Kundgabe der eigenen Wahrheit, ein Akt der existenziellen
Freude, aus dem Sosein des Geistes strömend.*[160] Was sich hier ausspricht, ist namentlich in den Upanishaden mit großen und feierlichen
Worten als Leben in der Wesensverbundenheit mit allem Sein beschrieben. Dieses Hineingenommensein und Zusammengefügtsein des
einzelnen mit allem, was ist, ist das Stehen im großen Wesensver-
band einer *universalen Familie*, für die es nichts Fremdes mehr gibt,
die von kosmischer Sympathie, nicht aber von Monismus oder Mystizismus weiß. Man darf geradezu die pointierte These aufstellen, daß
es in Indien herzlich wenig Mystizismus gibt. Was wir so nennen, ist
in Wahrheit das logische und natürliche Ergebnis des dort geltenden
Denkmodells, das grundsätzlich nicht auf Philia der Sophia, sondern
auf Philia der Ousia geht und dessen anfängliche «Liebe zum Sein»
denn auch notwendig in zuletzt kosmische Sympathie mündet.

Solche Wesensschau quillt ganz von innen her. *Das gnostische Leben ist ein inneres Leben, in dem die Antinomie von Innen und Außen, von Selbst und Welt geheilt und überschritten ist. Der gnostische
Mensch stellt in der Tat eine Existenz ganz von Innen her dar. In ihr
ist er nur Gott gegenüber, eins mit dem Ewigen, hineingestürzt in die
Tiefen des Unendlichen, den Höhen und ebenso den leuchtenden Tiefen seiner Geheimnisse verbunden. Nichts kann ihn hindern, in diese Tiefen einzudringen, nichts kann ihn von jenen Höhen herabstür-
zen, weder der Weltinhalt noch alles Handeln, noch irgend etwas um
ihn herum. Das ist der Transzendenz-Aspekt des geistigen Lebens. –
Die eigene innere Einheit, die eigene innere Wesenskommunion begleitet den supramentalen Menschen, sie dringt in alle seine Beziehungen mit Anderen. Diese sind nicht «Andere» für ihn, sondern
Selbste von ihm, von dem einen Sein, der eigenen universellen Existenz.*[161] Statt daß ihm Natur und Kosmos angesichts der subjektiven Bedingtheit der fragenden Denksysteme in ihrem Ansichsein
immer rätselhafter werden, endet der indische Denker bei einer Welt,
die ganz die seine geworden ist, bei einer im geweiteten Bewußtsein
potenzierten Philousia.

*Die eigene Freiheit* oder die Freiheit eigenster Ordnung ist schließlich die charakteristische Funktionsweise des supramentalen Bewußtseins. Von innen her hat sich das Bewußtsein gradweise gewandelt.
Das Gesamtsein hat sich ihm ebenso gradweise und immer umfassender, in immer neuer *Herabkunft* als das seine geschenkt. *Der integralen Wahrheit des Ganzen* auf der Seite des Objektes entspricht
die *sich selbst entfaltende Plastizität* des empfänglichen Bewußtseins
auf der Subjektseite. *Das Ideale, das im Übergang zum spirituellen
Leben führt, ist das der Freiheit im Geist, nicht das Gesetz. Um sich
selbst zu finden, bricht der Geist durch alle Formeln hindurch. Und
wenn er sich notwendigerweise noch immer weiter mit Form und
Ausdruck zu befassen hat, dann muß er in Freiheit zu einem freien
und wahren Ausdruck, zu einer wahren und spontanen Ordnung gelangen,* nicht zu einer künstlichen Festlegung, nicht zu traditioneller
Hörigkeit oder zu einer Verabsolutierung seiner gestrigen Entwick-

*Meditation am Grabe Aurobindos*

lungsstufe. Damit ersteht die Mahnung der «Bhagavad Gita»: «Überwinde alle festgelegten Wege», in neuer Weise. Ein plastisches Bewußtsein, dem auch seine Welt plastisch geworden ist, enthält Norm und Regel, bei steter Evolution. Denn das Wissen und seine Formeln sind *nur Werkzeug eines handelnden Seinsbewußtseins*. Der Vorrang aber gebührt dem immer umfänglicher werdenden Seinsbewußtsein, das in Freiheit über seinen Handlungen steht. *Denn zu sein, nicht zu wissen, ist das Ziel.*[162] So lautet die Grundüberzeugung dieser in Philousia gegründeten Entwicklungsgeschichte des Bewußtseins.

## HELFER IN DER EVOLUTION

Aurobindo will ein Helfer und Führer in der Evolution des menschlichen Selbstverständnisses sein. Er wäre niemals in Versuchung, sich als eine Pseudo-Heilandsfigur zu deklarieren. Zu tief ist der Geist der «Bhagavad Gita» in ihn eingedrungen, als daß er die Mahnung Krishnas an Arjuna «Sei mein Werkzeug» vergessen könnte. Werkzeug für ein Größeres, Weiteres und Mächtigeres zu werden, das ist das Ziel seines Yoga. Nicht in der ichgefangenen Verschlossenheit,

SRI AUROBINDO

1872-1950

*Diese Briefmarke mit dem Bild
Aurobindos erschien am
15. August 1964. Der 15. August
ist der indische Unabhängigkeits-
tag und zugleich Aurobindos
Geburtstag*

sondern in der Empfänglichkeit liegt nach ihm der subjektive Hebel allen Fortschreitens. Mit ruhigem Vertrauen sieht er darum den nach ihm kommenden Helfern in der Evolution entgegen, die, wo möglich, in die Bereiche des menschlichen Geistes noch intensiver werden hineinschreiten können. Wohl liegt es im Prinzip eines jeden Yoga, repräsentativ zu sein für das, was er erkennt und lehrt. Nie aber ist seine repräsentative Yoga-Existenz von Aurobindo als Selbstglorifizierung gemeint oder nur um seiner selbst willen gelebt worden. Er huldigt nicht dem Menschen, der auf sich selber schaut; der Mensch, der nach vorne schaut, steht vor seinem geistigen Willen. Soviel man ihn darum einen Seher klassischen Ausmaßes nennen mag, erweist man ihm jedoch die größere Ehre, wenn man ihn nicht an Idealen der Vergangenheit, sondern als Modernen an Symbolen der Zukunft mißt.

Zwei Umstände vor allem machen Aurobindo zu einem echten Helfer in der Evolution, mag es für uns im Westen auch eine noch so diffizile Aufgabe sein, seine Yoga-Begriffe in eine uns geläufigere Terminologie zu übersetzen, was auch in diesem Buch nur mit äußerster Vorsicht versucht worden ist. Aurobindos Weg ist Praxis. Wenn die Werke Teilhard de Chardins [163] heute eine so ungewöhnliche Beachtung finden, dann werden wir hier mit einer neuen Deutung der Evolution konfrontiert, die sich selbstverständlich andersartiger Begriffe bedient. Aurobindos Vorgehen ist aber eigentlich wissenschaftlicher, denn er verfährt experimentell. Er wägt nicht bekannte oder weniger bekannte Phänomene gegeneinander ab, um sie zurechtzuschleifen und zu synthetisieren, sondern er experimentiert, indem er sich selbst dem Experiment ausliefert. Wiederum bietet sich C. G. Jung zum Vergleich an. Besonders aus seiner von Aniela Jaffé bearbeiteten Selbstbiographie erfahren wir, wie er das Experiment, sich den Bewegungen des Unbewußten zu stellen, über eine Reihe von Jahren hin tatsächlich unternahm und sich in diesen Grund wie ein Taucher stürzte, obgleich er des Ausganges seines Unternehmens keineswegs gewiß war.[164] Das tat auf seine Weise Aurobindo, und auch er spricht von dem *ungeheuerlichen Preis*, den ihn dieses Experiment gekostet hat. Darum ist sein Gesamtdenken jedenfalls grundsätzlich anti-spekulativ, anti-scholastisch und anti-theoretisch.

*Pierre Teilhard de Chardin*

Aus Deutungen folgen Diskussionen und Auseinandersetzungen, und nach einiger Zeit stellt sich in der Regel die übliche zurückschwingende Beruhigung ein. Steht aber ein so fundamentales Problem wie die Reichweite des menschlichen Bewußtseins und seine entsprechende Stellung in der Welt und im Kosmos zur Debatte, so wiegt ein praktisch-experimenteller Einsatz mehr als jede deutende Spekulation, mag sie auch noch so viele Forschungsergebnisse einbeziehen.

Denn aus einem solchen Einsatz folgt ein neuer ethisch-metaphysischer Anspruch. Und dieser macht Aurobindo zweitens zu einem echten Helfer in der Evolution. Aus Teilhard de Chardins Denken folgt eher eine generelle Beruhigung. Denn die moderne Sozialisierung, das Zusammenkommen der Menschen auf dem geographisch wie geistig immer dichter zusammenrückenden Erdball, die wirtschaftliche und technische Vereinheitlichung, die über die Grenzpfähle einer Doktrin oder eines Credo hinausgreifenden neuen sozialen wie religiösen Gruppen, die neuen Gemeinsamkeiten übergeordneter Gemeinschaften – sie alle sind nach Teilhard nur Beispiele für eine komprimierende, totalisierende, vergemeinschaftlichende und hominisierende Vollendungstendenz, die neue Bewußtheiten schafft, auf jeden Fall aber ein sehr starkes Vertrauen in den allgemeinen Entwicklungsgang einflößt. Aurobindo jedoch spricht angesichts dieser von ihm im *Human Cyle* eingehend gewürdigten Momente eher von einer möglichen Gefahr der Entpersönlichung, der Vermassung und der Kollektivierung. Er würde es nicht wagen, sich jenen Entwicklungstendenzen vertrauend zu überlassen. Obwohl er vom «Bösen» im christlich dogmatischen Sinne wenig redet, rechnet er tatsächlich doch viel realistischer mit ihm, denn er betont vor allem die Notwendigkeit, jene Tendenzen vom *dunklen, zerstörerischen* und *titanenhaften* Element zu reinigen. Darum stellt er einen neuen Anspruch: den der Wandlung in die geistige oder gnostische Existenz, zu der er den Weg zu bahnen sucht. So steht Aurobindo in einer grundsätzlichen Beziehung zu Nietzsche, sofern auch dieser vom Übermenschen keineswegs als einem mehr oder weniger natürlichen Entwicklungsprodukt spricht, sondern vielmehr fordert, der Übermensch *sei* die höchste Hoffnung. Hier wie dort geht es also um eine neue Ermöglichung auf Grund vertiefter Verantwortung. In Fragen der geistigen menschlichen Entwicklung gilt das elementare Axiom: Wo nichts Ungewöhnliches geschieht, folgt auch nichts Übergewöhnliches. Nur Leistung zählt, aufrichtige, gesammelte, schöpferische Leistung. Aus dem engen mentalen Bewußtsein herauszukommen, das ist die existentielle Leistung der Wandlung, die der Menschheit heute auf ihrer erschöpften Evolutionsstufe aufgegeben ist.

*Ein rein rationales menschliches Leben würde ein Leben sein, das seiner machtvollsten dynamischen Quellen gänzlich beraubt ist. Es würde bedeuten, daß der Minister dem Herrscher übergeordnet ist. Eine rein rationale Gesellschaft könnte überhaupt nicht existieren. Und wenn das doch der Fall wäre, dann könnte sie nicht leben, sie ließe die menschliche Existenz steril und steinern werden. Die Wurzelkräfte menschlichen Lebens, seine intimsten Ursprünge liegen tief unten, sind irrational, sie liegen weit oben, sind überrational. Dies jedoch ist eine wahre Möglichkeit: daß die Vernunft des Menschen durch ständige Ausweitung, Reinigung und Geöffnetheit zu einer intelligenten Schau selbst dessen gelangen muß, was ihm jetzt verborgen ist. Dann aber ist die Grenze der Vernunft erreicht, wenn sie dem Menschen sagen kann: Eine Seele ist da, ein Selbst ist da, ein Gott ist da.*[165]

# ANMERKUNGEN

1 *The Supramental Manifestation on Earth.* Pondicherry 1952, p. 80 f
2 *Letters of Sri Aurobindo. First Series.* Bombay 1950, p. 33 f
3 *Evening Talks.* Pondicherry 1959, p. 131
4 *Sri Aurobindo on Himself and The Mother.* Pondicherry 1953, p. 9 f
5 A. B. Purani: «The life of Sri Aurobindo». Pondicherry 1964, p. 25 f
6 a. a. O., p. 12 f
7 *On Himself,* p. 13
8 Purani, p. 22
9 *On Himself,* p. 3
10 a. a. O., p. 10
11 a. a. O., p. 10 f; *Evening Talks. Second Series.* Pondicherry 1961, p. 166
12 Purani, p. 13, 40 f
13 a. a. O., p. 23, 42; vgl. *Evening Talks* [I], p. 141, 246, 287
14 Purani, p. 33
15 *On Himself,* p. 12; Purani, p. 26 f, 35, 43
16 a. a. O., p. 13
17 a. a. O., p. 14
18 a. a. O., p. 18
19 *Evening Talks* (II), p. 339
20 *Evening Talks* [I], p. 184
21 *Evening Talks* (II), p. 197
22 *Evening Talks* [I], p. 132
23 *Messages of Sri Aurobindo and The Mother. Second Series.* Pondicherry 1952, p. 19 f
24 *On Himself,* p. 6 f, 20 f
25 Purani, p. 50
26 *On Himself,* p. 21 f
27 *Evening Talks* [I], p. 245
28 Purani, p. 72 f
29 *Evening Talks* [I], p. 246
30 Purani, p. 87 f
31 *On Himself,* p. 94
32 a. a. O., p. 217
33 a. a. O., p. 61
34 *Evening Talks* (II), p. 200 f
35 Purani, p. 70 f; *On Himself,* p. 121 f
36 *On Himself,* p. 141 f
37 a. a. O., p. 101, 126 f, 129 f, 132 f 138 f, 153 f; *Evening Talks* (II), p. 71; *Letters of Sri Aurobindo. Second Series.* Pondicherry 1954, p. 248 f
38 *On Himself,* p. 133 f
39 Purani, p. 50 f
40 *On Himself,* p. 52 f
41 a. a. O., p. 33 f
42 a. a. O., p. 54 f
43 a. a. O., p. 46 f
44 Purani, p. 75 f
45 a. a. O., p. 96
46 *On Himself,* p. 74 f
47 a. a. O., p. 38 f
48 a. a. O., p. 76, 78 f
49 a. a. O., p. 155
50 *Evening Talks* (II), p. 72 f
51 *On Himself,* p. 137
52 Purani, p. 122 f
53 *On Himself,* p. 61
54 *Speeches.* Pondicherry 1952, p. 59 f
55 *On Himself,* p. 61 f
56 *Speeches,* p. 51, 55 f
57 a. a. O., p. 56 f, 58
58 *On Himself,* p. 115 f, 65, 94, 97, 101, 104, 118 f; *Letters of Sri Aurobindo. Fourth Series.* Bombay 1951, p. 50; *Evening Talks* [I], p. 248
59 *On Himself,* p. 117; «Karma-yogin» (Calcutta) 1909, No. 6
60 *On Himself,* p. 95
61 a. a. O., p. 314
62 *Letters* (IV), p. 290
63 *Lights on Yoga.* Pondicherry 1953, p. 15
64 *Letters* (IV), p. 291; vgl. *Letters* [I], p. 49
65 *More Lights on Yoga.* Pondicherry 1953, p. 106
66 Ebd.
67 Purani, p. 151 f
68 *On Himself,* p. 348
69 a. a. O., p. 350 f
70 *On Yoga I.* Pondicherry 1955, p. 80 f
71 a. a. O., p. 78
72 Vgl. *On Himself,* p. 355 f
73 a. a. O., p. 432
74 Purani, p. 181
75 *On Himself,* p. 392

76 *Lights on Yoga*, p. 73 f; *On Yoga II, Tome One*. Pondicherry 1958, p. 647 f
77 *On Yoga I*, p. 674
78 Nolini K. Gupta: «The Yoga of Sri Aurobindo», part. IX: The Mother on Herself. Pondicherry 1958, p. 113 f
79 Purani, p. 174 f
80 *On Himself*, p. 167 f
81 a. a. O., p. 224
82 a. a. O., p. 175
83 a. a. O., p. 177
84 *Lights on Yoga*, p. 16
85 S. bes.: *The Life Divine: The Triple Transformation.* Pondicherry 1955, p. 791 f; *The Yoga and Its Objects.* Pondicherry 1952; a. a. O.
86 *On Yoga I*, p. 706 f
87 *The Yoga and Its Objects*, p. 6 f
88 *Letters* (IV), p. 392 f
89 a. a. O., p. 394
90 *On Himself*, p. 742
91 *Letters* (I), p. 287 f
92 *On Himself*, p. 494
93 a. a. O., p. 195; *Letters* (IV), p. 55
94 *The Human Cycle*. Pondicherry 1949, p. 224
95 a. a. O., p. 222
96 *On Himself*, p. 123
97 *On Yoga I: The Divine Personality*, p. 658 f, bes. a. p. 434, 435 f, 668, 684
98 *Lights on Yoga*, p. 43; *On Himself*, p. 494
99 *On Yoga I*, p. 658
100 a. a. O., p. 224
101 *Letters* (I), p. 77
102 a. a. O., p. 98
103 *The Human Cycle*, p. 223
104 a. a. O., p. 166
105 *The Life Divine*, p. 23
106 *Letters* (IV), p. 28; *On Himself*, p. 147
107 *On Himself*, p. 148
108 a. a. O., p. 776
109 a. a. O., p. 195
110 *The Human Cycle*, p. 304
111 *Lights on Yoga*, p. 3
112 Ebd.
113 *On Yoga II* (1), p. 477
114 a. a. O., p. 478
115 *The Human Cycle*, p. 224
116 *The Life Divine*, p. 907 f
117 *The Human Cycle*, p. 223 f
118 *On Yoga II* (1), p. 107
119 *On Himself*, p. 233
120 *On Yoga II* (1), p. 17; vgl. *Letters* (I), p. 16
121 Nirodbaran: «Correspondence with Sri Aurobindo» [I]. Pondicherry 1954, p. 53
122 *On Yoga II* (1), p. 161
123 *On Yoga II* (2), p. 716
124 a. a. O., p. 710
125 *On Yoga II* (1), p. 415 f
126 a. a. O., p. 412
127 a. a. O., p. 416
128 *On Yoga II* (2), p. 716
129 Nirodbaran, Correspondence, p. 136
130 *Evening Talks* (II), p. 88
131 *On Yoga II* (1), p. 409
132 a. a. O., p. 524
133 *On Yoga II* (2), p. 717
134 *On Yoga II* (1), p. 558
135 Purani, p. 214 f, 218
136 *On Yoga II* (2), p. 205
137 *The Life Divine*, p. 208 f
138 *On Yoga II* (1), p. 487 f
139 *On Yoga II* (2), p. 212 f, 215 f
140 a. a. O., p. 214 f
141 a. a. O., p. 220, 221 f
142 a. a. O., p. 224
143 *The Life Divine*, p. 807
144 a. a. O., p. 807 f
145 a. a. O., p. 812
146 *On Yoga II* (2), p. 244
147 *The Life Divine*, p. 249 f, 254 f
148 a. a. O., p. 259
149 a. a. O., p. 257 f
150 William S. Haas: «Östliches und westliches Denken. Eine Kulturmorphologie». Reinbek bei Hamburg 1967, S. 58 (rowohlts deutsche enzyklopädie. 246/247)
151 *On Yoga II* (1), p. 531
152 *On Yoga II* (2), p. 327, 329 f
153 *On Himself*, p. 434, 385, 380
154 *The Life Divine*, p. 847 f
155 In: «Livres en Français». Pondicherry 1955, p. 2

156 *The Supramental Manifesta-*
    *tion,* p. 33, 56, 59, 60
157 *On Yoga I,* p. 960 f
158 *The Life Divine,* p. 864
159 a. a. O., p. 865
160 a. a. O., p. 869
161 Ebd.
162 a. a. O., p. 889, 895

163 Pierre Teilhard de Chardin:
    «Der Mensch im Kosmos».
    München 7 1964
164 C. G. Jung: «Erinnerungen –
    Träume – Gedanken». Auf-
    gezeichnet und hg. von Aniela
    Jaffé. Zürich und Stuttgart
    1962
165 *The Human Cycle,* p. 149

# ZEITTAFEL

1864 Der Arzt Krishna Dhan Ghose heiratet Svarnalata Bose

1869 Dr. Krishna Dhan Ghose geht zur Abrundung seiner medizinischen Studien nach England und kehrt 1871 völlig anglisiert zurück

1872 15. August: Aravinda oder Aurobindo wird als drittes Kind in Kalkutta geboren. Frühe Kindheit in Khulna in Bengalen

1877 Die drei Söhne werden, als Aurobindo fünf Jahre alt ist, in die Internatsschule Loretto Convent in Darjeeling geschickt

1879 Die Familie reist mit ihren vier Kindern nach England. Ein weiterer Sohn, Barindra, wird in Croydon geboren. 1880 kehrt der Vater nach Khulna zurück, bald darauf auch Svarnalata mit Barindra und ihrer Tochter Sarojini. Die drei Söhne Benoy, Mono Mohan und Aurobindo bleiben in England. Ausbruch geistiger Störung bei der Mutter. Trennung des Ehepaares. Bis 1884 lebt Aurobindo in Manchester, Shakespeare Street Nr. 84, im Hause des kongregationalistischen Geistlichen Reverend H. Drewett von der Stockport Road Church, später Octagonal Church

1884 Übersiedlung der drei Brüder nach London; sie leben unter der Obhut der Mutter von Rev. Drewett, der um 1883 nach Australien auswanderte. Aurobindo kommt in die St. Paul's School, West Kensington, London. Hier bleibt er bis Dezember 1889. Bruch mit der religiös übereifrigen Mrs. Drewett. Die Brüder machen sich selbständig. Die Geldsendungen des Vaters bleiben aus. Armut und Entbehrung. Besondere Förderung durch Dr. Walker, High Master von St. Paul's. Aurobindo nimmt mit Auszeichnung an den Preisdisputationen «The Inconsistency of Swift's Political Views» und «Milton» teil

1885 Der Engländer Allan Octavian Hume gründet den Indian National Congress

1890 Aurobindo bezieht King's College in Cambridge als Stipendiat von St. Paul's. Preise und Auszeichnungen. Besondere Förderung durch G. M. Prothero, damals Tutor in King's, ebenso durch J. S. Cotton, Bruder eines Gouverneurs von Bengalen. Aurobindo tritt der nationalen Studentengruppe «Majlis» und der Organisation «Lotus und Dolch» bei

1892 Universitätsexamen und Aufnahmeprüfung für den indischen Staatsdienst. Oscar Browning nennt Aurobindo «exzeptionell». Mißglückte Reitprüfung. Begegnung mit dem Maharaja von Baroda

1893 Tod des Vaters. Im Februar Rückkehr nach Indien. Dienstantritt im Fürstentum Baroda. Er veröffentlicht: *Neue Lampen für alte.* Kontakt mit nationalen und revolutionären Führern. Agitationsreisen, auch in den folgenden Jahren

1899 J. Banerje wird in die Baroda-Armee eingeschleust und mit der Ausbildung der nationalen Untergrundbewegung beauftragt

1900 Professor am Baroda College

1901 Aurobindo tritt der offiziell der «Geheimen Gesellschaft» in Bombay bei

1902 Erstes Treffen mit Schwester Nivedita

1904 Beginn des eigenen Yoga

1905 Die Regierung kündigt die Teilung Bengalens an. Aufflammen aller nationalen Strömungen. Aurobindos nationalistisch religiöser Entwurf: *Bhavani Mandir*

1906 Principal am National College, Kalkutta. Die Zeitschrift «Bande Mataram» erscheint. In ihr wird besonders Svaraj (absolute Unabhängigkeit) propagiert

| 1907 | Tagung des National Congress in Surat. Spaltung zwischen den liberal Vermittelnden und der radikalen Gruppe. Yogin Vishnu Bhaskar Lele kommt nach Baroda. Aurobindos einschneidende Nirwana-Erfahrung |
|---|---|
| 1908 | Treffen mit Lele in Bombay. 30. April: Attentat in Muzzafarpur. 1. Mai: Verhaftung der führenden Revolutionäre. 4. Mai: Verhaftung Aurobindos. 18. Mai: Beginn des Prozesses in Alipur bei Kalkutta. Aufruf der Schwester. Aurobindos Alipur-Erfahrungen. Er legt sein Amt als Principal nieder |
| 1909 | 6. Mai: Freispruch. 30. Mai: Die berühmte Uttapara-Rede. Die Zeitschriften «Karmayogin» und «Dharma» erscheinen. 25. Dezember im «Karmayogin»: *An Open Letter to My Countrymen* |
| 1910 | Februar: Aurobindo entgeht einer neuen Verhaftung durch Übersiedlung nach Französisch-Chandernagore. Intensive Yoga-Übungen. 1. April: Abfahrt mit dem Dampfer «Dupleix» nach Pondicherry. Harte Anfangsjahre. Häufige Umzüge. Versuche, Aurobindo mit List, Gewalt oder Überredung nach Britisch-Indien zurückzubringen, die bis in die vierziger Jahre anhalten. Der Franzose Paul Richard, Miras Mann, kommt nach Pondicherry |
| 1914 | 15. August: Die erste Nummer der religiös philosophischen Zeitschrift «Arya», der Geburtsstätte der meisten großen Werke Aurobindos, erscheint. 29. Mai: Erste Begegnung mit Mira Richard in Pondicherry |
| 1919 | *The Ideal of Human Unity* |
| 1920 | 24. April: Mira Richard kehrt für immer nach Pondicherry zurück. *The Seven Upanishads* |
| 1926 | 24. November: Realisation des *Overmind*-Bewußtseins. Die «Mutter» übernimmt die Leitung des Ashrams. Völlige Zurückgezogenheit Aurobindos bis zu seinem Tode |
| 1928 | *Essays on the Gita* |
| 1935 | *Lights on Yoga* |
| 1936 | *Bases of Yoga* |
| 1939 | *The Life Divine* |
| 1946 | *Hymns to the Mystic Fire* |
| 1947 | 15. August: Indien wird an Aurobindos Geburtstag unabhängig |
| 1948 | *More Lights on Yoga* |
| 1949 | *The Human Cycle* |
| 1950 | 5. Dezember: Mahasamadhi. Die große Versenkung. Aurobindo stirbt in Pondicherry |

# ZEUGNISSE

GABRIELA MISTRAL und PEARL S. BUCK

Wir schauen auf Aurobindo als einen, der zu der Familie der Seher und Weisen der Welt gehört; ihr Geschlecht endet niemals und ihre Majestät der Seele wirft immer Licht über alle Teile der Welt und zu allen Zeiten.

*Aus dem Vorschlag für die Verleihung des Literatur-Nobelpreises 1950 von Gabriela Mistral und Pearl S. Buck in: Sri Aurobindo, Tributes. Pondicherry o. J. p. 18*

RABINDRANATH TAGORE

Sofort, als ich ihn sah, gewahrte ich, daß er die Seele gesucht und gefunden hatte. Sein Gesicht leuchtete von einem inneren Licht, und seine klare, heitere Gegenwart machte es mir gewiß, daß keine tyrannische Doktrin, die ihr Vergnügen daran hat, dem Leben Wunden zuzufügen, seine Seele auf ihr Maß reduziert, verkrüppelt und verkrampft hatte. Der Spruch des alten Hindu-Sehers lag auf seinen Lippen. Sie haben das Wort, sagte ich zu ihm, und wir warten darauf, es von Ihnen zu empfangen.

*In: Sri Aurobindo, Tributes. Pondicherry o. J. p. 2*

GOUVERNEUR R. R. DIWAKAR

Ich habe keinen Zweifel: er war einer jener geistigen Riesen, die gelegentlich über diese Welt der Pygmäen dahingehen und neues Licht ausstrahlen, neues Leben geben, die Grenzen menschlicher Schau und menschlichen Bewußtseins erweitern. Sri Aurobindo stellt das größte geistige Abenteuer der Neuzeit dar.

*Mahayogi, Bombay 1953. p. XVI*

SIR FRANCIS YOUNGHUSBAND

Aurobindo – Dichter, Kritiker, Forscher, Denker, Nationalist, Humanist – hat geradezu unbekümmert viel über letzte Probleme geschrieben. Selbst seine frühen Essays sind voll von fruchtbaren Ideen. Die reife Weisheit eines Lebens hat er in die lichtvolle Prosa von *The Life Divine* kristallisiert, das eines der Meisterwerke unserer Zeit ist, und das ist nicht zuviel gesagt. Das Buch bereichert unsere Erfahrung im wahren Sinne.

*The Times Literary Supplement, 8. Juli 1944*

ROMAIN ROLLAND

Er ist heute der größte Interpret Indiens, der die vollkommenste Synthese realisiert hat, die das Genie des Westens und des Ostens wohl überhaupt erreichen kann. Indem er die geistigen Antriebe Indiens mit den Aktivitäten des Abendlandes zu harmonisieren suchte, richtete er alle Kräfte des Geistes auf eine aufsteigende Bewegung. Er nimmt die materiellen und geistigen Eroberungen des Geistes Europas vollständig an, betrachtet sie jedoch nur als einen neuen Ausgangspunkt. Aurobindo Ghose ist von einem Glauben ohnegleichen an die unbegrenzten Kräfte der Seele und an den menschlichen Fortschritt entflammt.

*In: Livres en Français, Pondicherry 1955. p. 2 f*

SARVEPALLI RADHAKRISHNAN

Unter den gegenwärtigen indischen Denkern ist Sri Aurobindo Ghose wohl der reifste. Die Fundamentalia wahrer Philosophie hat er fest in seinem Griff. Ernst ist sein Versuch, das innere Leben zu kultivieren, groß seine Liebe zur Menschheit und ihrer Zukunft. Das gibt seinen Schriften eine Tiefe und einen umfassenden Charakter, die man selten antrifft.

*In: Sri Aurobindo, Tributes. Pondicherry o. J. p. 12*

ERNST BENZ

Die Lehre Aurobindos vom Übermenschen erscheint mir als ein wichtiger Beitrag der indischen Religionsphilosophie zu einer Überwindung der rein restaurativen Anthropologie, die sich innerhalb der christlichen Theologie festgesetzt hat, und zu einer Neubesinnung auf das Anliegen der urchristlichen Anthropologie mit ihrer dynamischen Auffassung von der schöpferischen Wirkung der Gnade, die neue Seinsbereiche, Wirkformen und Bewußtseinsstufen des wiedergeborenen Menschen eröffnet.

*Asiatische Begegnungen. Düsseldorf-Köln 1963. S. 291*

GABRIELA MISTRAL

Während Tagore die schlummernde Musik in mir erweckte, brachte mich ein anderer Inder, Sri Aurobindo, zur Religion. Er eröffnete meiner religiösen Konsekration den Weg. In der Tat, meine Schuld an Indien ist sehr groß, teils um Tagores, teils um Sri Aurobindos willen.

*In: Sisirkumar Mitra, The Liberator, India and the World. Delhi*
*1954. p. 213*

# BIBLIOGRAPHIE

## 1. Gesamtausgabe

Sri Aurobindo International Centre of Education Collection.
Bd. 1 f. Pondicherry (Sri Aurobindo Ashram) 1953 bis lfd.
[Die Ausgabe ist noch nicht abgeschlossen.]
Bd. 1. Sri Aurobindo on Himself and The Mother. 1953
Bd. 2. Savitri. 1954
Bd. 3. The Life Divine. 1955
Bd. 4. On Yoga I. The Synthesis of Yoga. 1955
Bd. 5. On the Veda. 1956
Bd. 6. On Yoga II, Tome One. 1958
Bd. 7. On Yoga II, Tome Two. 1958
Bd. 8. Essays on the Gita. 1959
Bd. 9. Human Cycle. Ideal of Human Unity. War and Selfdetermination. 1962

## 2. Einzelne Werke

### a) Hauptwerke

The Life Divine. Second Printing. New York (Sri Aurobindo Library) 1949
The Foundations of Indian Culture. New York (Sri Aurobindo Library) 1953
Essays on the Gita. First Series. 5th Ed. Calcutta (Arya Publishing House) 1949
Essays on the Gita. Second Series. 4th Ed. Calcutta (Arya Publishing House) 1949
The Human Cycle. Pondicherry (Sri Aurobindo Ashram) 1949
The Ideal of Human Unity. 2nd Ed. Pondicherry (Sri Aurobindo Ashram) 1950
The Problem of Rebirth. Pondicherry (Sri Aurobindo Ashram) 1952
Hymns to the Mystic Fire. 2nd Ed. Pondicherry (Sri Aurobindo Ashram) 1952
Letters of Sri Aurobindo. First Series. 2nd Ed. Bombay (Sri Aurobindo Circle) 1950
Letters of Sri Aurobindo. Second Series. 2nd Ed. Pondicherry (Sri Aurobindo Ashram) 1954
Letters of Sri Aurobindo. Third Series. Bombay (Sri Aurobindo Circle) 1949
Letters of Sri Aurobindo. Fourth Series. Bombay (Sri Aurobindo Circle) 1951
The Synthesis of Yoga. 2nd Ed. Pondicherry (Sri Aurobindo Ashram) 1953

### b) Weitere Werke

The Ideal of The Karmayogin. 7th Ed. Pondicherry (Sri Aurobindo Ashram) 1950
Ideals and Progress. 4th Ed. Pondicherry (Sri Aurobindo Ashram) 1951
The Riddle of This World. 4th Ed. Pondicherry (Sri Aurobindo Ashram) 1951
Bases of Yoga. 6th Ed. Pondicherry (Sri Aurobindo Ashram) 1952
Lights on Yoga. 5th Ed. Pondicherry (Sri Aurobindo Ashram) 1953

*Fast die Hälfte*
*der erwachsenen Weltbevölkerung kann nicht lesen . . .*

... dafür liest die andere Hälfte, wie es scheint, um so eifriger. So wuchs die Buchproduktion:

15. Jahrhundert — 40 000 Werke (Inkunabeln)
16. Jahrhundert — 520 000 Titel
17. Jahrhundert — 1,25 Millionen Titel
18. Jahrhundert — 2 Millionen Titel
19. Jahrhundert — 8 Millionen Titel

Heute werden allein in der Bundesrepublik in einem einzigen Jahrzehnt etwa 200 000 Titel aufgelegt.

Während im 16. Jahrhundert, einer englischen Quelle zufolge, neben dem Klerus nur Gelehrte und Ärzte in geringer Zahl Bücher besaßen, sind die Bücherwürmer heute kaum noch zu klassifizieren. Das Taschenbuch hat das Bücherlesen endgültig «demokratisiert». Zum ersten Male kann man Bücher vom Taschengeld kaufen. Der günstige Preis der Taschenbücher ist zu einem Teil der Werbung zu verdanken — der Werbung für das Taschenbuch und der Werbung im Taschenbuch, wie beispielsweise dieser Anzeige, die Ihre Aufmerksamkeit auf eine vorteilhafte Sparform lenken möchte.

More Lights on Yoga. Pondicherry (Sri Aurobindo Ashram) 1953
The Yoga and Its Objects. 6th Ed. Pondicherry (Sri Aurobindo Ashram) 1952
Thoughts and Glimpses. 7th Ed. Pondicherry (Sri Aurobindo Ashram) 1950
The Supramental Manifestation on Earth. Pondicherry (Sri Aurobindo Ashram) 1952
Evolution. 6th Ed. Pondicherry (Sri Aurobindo Ashram) 1964
Practical Guide to Integral Yoga. 2nd Ed. Pondicherry (Sri Aurobindo Ashram) 1958
Thoughts and Aphorisms. Pondicherry (Sri Aurobindo Ashram) 1958
The Superman. 4th Ed. Pondicherry (Sri Aurobindo Ashram) 1950
The Hour of God. Pondicherry (Sri Aurobindo Ashram) 1959
The Mother. 10th Ed. Pondicherry (Sri Aurobindo Ashram) 1964
Messages of Sri Aurobindo and The Mother. Pondicherry (Sri Aurobindo Ashram) 1949
Messages of Sri Aurobindo and The Mother. Second Series. Pondicherry (Sri Aurobindo Ashram) 1952
Evening Talks. Recorded by. A. B. PURANI. Pondicherry (Sri Aurobindo Ashram) 1959
Evening Talks. Recorded by A. B. PURANI. Second Series. Pondicherry (Sri Aurobindo Ashram) 1961
Correspondence with Sri Aurobindo. Recorded by NIRODBARAN. Pondicherry (Sri Aurobindo Ashram) 1954
Correspondence with Sri Aurobindo. Recorded by NIRODBARAN. Second Series. Pondicherry (Sri Aurobindo Ashram) 1959
Eight Upanishads. Pondicherry (Sri Aurobindo Ashram) 1953
Kena Upanishad. Pondicherry (Sri Aurobindo Ashram) 1952
Isha Upanishad. 6th Ed. Pondicherry (Sri Aurobindo Ashram) 1965
The Future Evolution of Man. Compiled by P. B. SAINT-HILAIRE. Pondicherry (Sri Aurobindo Ashram) 1963
Life, Literature, Yoga. Pondicherry (Sri Aurobindo Ashram) 1952
Speeches. 3rd Ed. Pondicherry (Sri Aurobindo Ashram) 1952
The Doctrine of Passive Resistance. 2nd Ed. Pondicherry (Sri Aurobindo Ashram) 1952
Bankim Chandra Chatterji. Pondicherry (Sri Aurobindo Ashram) 1954
Bankim-Tilak-Dayananda. 2nd Ed. Pondicherry (Sri Aurobindo Ashram) 1947
War and Selfdetermination. 3rd Ed. Pondicherry (Sri Aurobindo Ashram) 1957
The Renaissance in India. 4th Ed. Pondicherry (Sri Aurobindo Ashram) 1952
The Spirit and Form of Indian Polity. Pondicherry (Sri Aurobindo Ashram) 1947
The Brain of India. 5th Ed. Pondicherry (Sri Aurobindo Ashram) 1955
The National Value of Art. 4th Ed. Pondicherry (Sri Aurobindo Ashram) 1953
After the War. Pondicherry (Sri Aurobindo Ashram) 1949
A System of National Education. 4th Ed. Pondicherry (Sri Aurobindo Ashram) 1953
Sri Aurobindo and The Mother on Education. 2nd Ed. Pondicherry (Sri Aurobindo Ashram) 1960
Conversations of the Dead. Pondicherry (Sri Aurobindo Ashram) 1951
The Phantom Hour. A Short Story. Pondicherry (Sri Aurobindo Ashram) 1951

Vyasa and Valmiki. A collection of early essays on the two great epic poets of ancient India. 2nd Ed. Pondicherry (Sri Aurobindo Ashram) 1964

Kalidasa. 3rd Ed. Pondicherry (Sri Aurobindo Ashram) 1964

The Future Poetry. A survey of English poetry from its beginnings on the lines of its development and its future possibilities. Pondicherry (Sri Aurobindo Ashram) 1953

Last Poems. Pondicherry (Sri Aurobindo Ashram) 1952

More Poems. Pondicherry (Sri Aurobindo Ashram) 1957

Love and Death. A poem. 5th Ed. Pondicherry (Sri Aurobindo Ashram) 1964

Poems Past and Present. 2nd Ed. Pondicherry (Sri Aurobindo Ashram) 1952

Songs of Vidyapati. Pondicherry (Sri Aurobindo Ashram) 1956

Poems from Bengali. Pondicherry (Sri Aurobindo Ashram) 1956

Ilion. An epic in quantitative hexameters. Pondicherry (Sri Aurobindo Ashram) 1957

Vikramorvasie or The Hero and the Nymph. 3rd Ed. Pondicherry (Sri Aurobindo Ashram) 1942

The Century of Life. 3rd. Ed. Pondicherry (Sri Aurobindo Ashram) 1948

Perseus the Deliverer. A drama in 5 acts. Pondicherry (Sri Aurobindo Ashram) 1955

Rodogune. A tragedy in 5 acts. Pondicherry (Sri Aurobindo Ashram) 1958

The Viziers of Bassora. A dramatic romance. Pondicherry (Sri Aurobindo Ashram) 1959

Vasadatta. A dramatic romance in 5 acts. 2nd Ed. Pondicherry (Sri Aurobindo Ashram) 1965

Eric. A dramatic romance of the early Norwegian life and times. Pondicherry (Sri Aurobindo Ashram) 1960

### c) Deutsche Übersetzungen

Gedanken und Einblicke. Übers. von ALWINA VON KELLER. Vorwort von J. HERBERT. Mit einer Studie über den Yoga des Sri Aurobindo von NOLINI KANTA GUPTA. Zürich (Rascher) 1943

Die Mutter. Übers. von ALWINA VON KELLER. Zürich (Rascher) 1945

Flammenworte. Zehn Gedichte. [Engl. und dt.] Pondicherry (Sri Aurobindo Ashram), Zollikon b. Zürich (Sri Aurobindo Verlag) 1953

Die drei Wonnen. Pondicherry (Sri Aurobindo Ashram), Zollikon b. Zürich (Sri Aurobindo Verlag) 1953

Vom großen Werk, das dich vollendet. [Essays on the Gita, Auszüge.] Eingef. und übers. von JOBST MÜHLING. Büdingen-Haingründau (Verlags Union) 1955

Zyklus der menschlichen Entwicklung. [The Human Cycle.] Übers. von URSULA VON MANGOLDT. München-Planegg (O. W. Barth) 1955

Der integrale Yoga. Erstmalig aus seinen Werken übers. Mit einem Essay «Zum Verständnis des Werkes» und einer Bibliographie von OTTO WOLFF. Hamburg (Rowohlt) 1957 (Rowohlts Klassiker der Literatur und der Wissenschaft. 24)

So spricht Aurobindo. [Auszüge.] Übers. von OTTO WOLFF. München-Planegg (O. W. Barth) 1957

Kurz und Bündig. Eine Sammlung von Gedanken und Aphorismen. Pondicherry (Sri Aurobindo Ashram), Zollikon b. Zürich (Sri Aurobindo Verlag) 1959

Andere Erden und andere Gedichte. Pondicherry (Sri Aurobindo Ashram),
Zollikon b. Zürich (Sri Aurobindo Verlag) 1960
Die Stunde Gottes. Abhandlungen. Pondicherry (Sri Aurobindo Ashram),
Zollikon b. Zürich (Sri Aurobindo Verlag) 1961
Der Mensch im Werden. Eine Entwicklungsgeschichte des Bewußtseins. [The
Life Divine, Auszüge.] Pondicherry (Sri Aurobindo Ashram), Zollikon
b. Zürich (Sri Aurobindo Verlag) 1964
Stufen der Vollendung. Die Entfaltung neuer Bewußtseinskräfte. [The Fu-
ture Evolution of Man.] Weilheim/Obb. (O. W. Barth) 1964
Sri Aurobindo – Die Mutter. Texte in vierteljährl. Folge. Hg. HEINZ KAPPES.
Karlsruhe 1964 f

### 3. Zeitschriften

Sri Aurobindo Mandir Annual [Jahrbuch des Ashrams]. 1942 f
The Advent. A quarterly devoted to the exposition of Sri Aurobindos vi-
sion of the future. Madras (Sri Aurobindo Library). 1944 f
Sri Aurobindo Circle (englisch). Bombay 1945 f [jährlich]
Mother India. Monthly review of culture. Pondicherry (Sri Aurobindo
Ashram) 1949 f
Bulletin of Physical Education. Pondicherry (Sri Aurobindo Ashram) 1949 f
[Monatsschrift in englischer und französischer Sprache.]

### 4. Sekundärliteratur

(Werke in indischen Sprachen sind im folgenden nicht aufgeführt.)

MAITRA, S. K.: An introduction to the philosophy of Sri Aurobindo. Cal-
cutta 1941. 108 S.
LANGLEY, GEORGE HARRY: Sri Aurobindo. Indian poet, philosopher, and
mystic. London 1949. 134 S.
SRINIVASA IYENGAR, K. R.: Sri Aurobindo. A biography. Calcutta 1950
GUPTA, NOLINI KANTA: The Yoga of Sri Aurobindo. Part I–VIII. Pondi-
cherry 1950 f
ROY, DILIP KUMAR: Sri Aurobindo came to me. Pondicherry 1952
RISHHABCHAND: The Integral Yoga of Sri Aurobindo. Pondicherry 1953
DIWAKAR, R. R.: Mahayogi, life, sadhana and teachings of Aurobindo.
Bombay 1953
CHAUDHURI, HARIDAS: The philosophy of integralism. Pondicherry 1954
MITRA, SISIRKUMAR: The liberator. New Delhi 1954
MONOD-HERZEN, GABRIEL: Sri Aurobindo. Paris 1954. VIII, 474 S.
Einführende Terminologie zu den Schriften von Sri Aurobindo. Pondicherry
1955. 80 S.
PURANI, A. B.: Sri Aurobindo in England. Pondicherry 1956
WOLFF, OTTO: Indiens Beitrag zum neuen Menschenbild. Ramakrishna –
Gandhi – Sri Aurobindo. Hamburg 1957. 152 S. (rowohlts deutsche enzy-
klopädie. 56)
WOLFF, OTTO: Mensch und Übermensch bei Sri Aurobindo. In: Zeitschrift
für Religions- und Geistesgeschichte 9 (1957), S. 41 f
WOLFF, OTTO: Das Problem der Wiedergeburt nach Sri Aurobindo. In:
Zeitschrift für Religions- und Geistesgeschichte 9 (1957), S. 116 f
WOLFF, OTTO: Die religiöse Aktivität des modernen Hinduismus. In: Zeit-
schrift für Religions- und Geistesgeschichte 10 (1958), S. 299 f

CHAUDRI, HARIDAS: The rythm of truth. San Francisco 1958. X, 51 S.

The integral philosophy of Sri Aurobindo. A commemorative symposium. Ed. by HARIDAS CHAUDRUI and Frederic Spiegelberg. LONDON 1960. 350 S.

WOLF, OTTO: Der supramentale Übermensch nach Sri Aurobindos Integralem Yoga. In: Der Übermensch. Hg. von ERNST BENZ. Zürich, Stuttgart 1961

SINGH, HERBERT JAI: Sri Aurobindo. His life and religios thought. Bangalore 1962

MANGOLDT, URSULA VON: Höhlen – Klöster – Ashrams. München-Planegg 1962

BENZ, ERNST: Asiatische Begegnungen. Stationen einer Reise nach Japan und Indien. Düsseldorf–Köln 1963

MONESTIER, ANDRÉ: Teilhard et Sri Aurobindo. Paris 1963. 62 S.

SINGH, KARAN: Prophet of Indian nationalism. A study of the political thought of Sri Aurobindo Ghose 1893–1910. With a foreword by JAWAHARIAL NEHRU. London 1963. 163 S.

PURANI, A.B: The life of Sri Aurobindo. Pondicherry 1964
[Das Buch nennt sich selbst ein Quellenbuch, und gerade als chronologische Zusammenstellung, fortgeführt bis zum 24. November 1926, erfüllt es einen wesentlichen, hier vielfach in Anspruch genommenen Dienst.]

BENZ, ERNST: Schöpfungsglaube und Endzeiterwartung. Antwort auf Teilhard de Chardins Theologie der Evolution. München 1965. S. 206 f

## Nachtrag zur Bibliographie

### 1. Bibliographische Hilfsmittel

KAUL, HARI KRISHEN: Sri Aurobindo. A descriptive bibliogaphy. New Dehli 1972

MANMOHAN REDDY, VEDRE: Sri Aurobindo: a bibliography. Pondicherry 1973

MANMOHAN REDDY, VEDRE: Subject index to Mother India 1949–1972. Pondicherry 1973

MANMOHAN REDDY, VEDRE: Subject index to Sri Aurobindo Mandir annual 1942–1972. Hyderabad 1973

### 2. Werke

Light to superlight: unpublished letters of Sri Aurobindo. Witw explanatory notes by ARUN CHANDRA DUIT. Calcutta 1972

Eine Legende und ein Sinnbild. Pondicherry–Zollikon 1966

Offenbarung des Supramentalen. Autoris. Übers. aus d. Engl. Zollikon 1969

Die Synthese des Yoga. Autoris. Übers. aus d. Engl. von HEINZ KAPPES, Bellnhausen 1972

Das Ideal einer geeinten Menschheit. Autoris. Übertr. aus d. Engl. von HEINZ KAPPES. Bellnhausen 1973

Gedichte. Hg. u. übers. von PETER STEIGER. Pondicherry 1974
Das göttliche Leben. Autoris. Übertr. von HEINZ KAPPES. Buch 1–2. Gladen-
bach/Hessen 1974
Alles Leben ist Yoga: ein Kompendium der wesentl. Aussagen aus d. um-
fangreichen Werk. Bern 1975
Sawitri: eine Sage und ein Gleichnis. Hg. u. übers. von PETER STEIGER.
Pondicherry–Zollikon 1975

### 3. Gesamtdarstellungen

SATPREM: Sri Aurobindo oder Das Abenteuer des Bewußtseins. Übers. durch
CARLO SCHÜLLER. Weilheim 1970
Sri Aurobindo; the story of his life. Pondicherry 1972
MITRA, SISIRKUMAR: Sri Aurobindo. New Dehli 1972
NANDAKUMAR, PREMA: Sri Aurobindo; a brief biography. New Dehli 1972
GHOSE, SISIRKUMAR: Sri Aurobindo, poet and social thinker. Sharwar 1973
(Extension lictures publications series. 21)
ROARKE, JESSE: Sri Aurobindo. Pondicherry 1973

### 4. Untersuchungen

SAHER, PURVEZJI JAMSHEDJI: Evolution und Gottesidee. Studien zur Geschichte der philosophischen Gegenwartsssströmungen zwischen Asien und
Abendland. Ratingen 1967
SRIVASTA. RAMA SHANKER: Sri Aurobindo and the theories of evolution;
a critical and comparative study of the Indian and western theories of
evolution with special reference to Sri Aurobindós philosophy. Vara-
nasi 1968
DOCKHORN, KURT: Tradition und Evolution. Untersuchungen zu Sri Aurobindos
Auslegung autoritativer Sanskritschriften mit e. Einf. in sein Leben
und Werk. Gütersloh 1969 (Missionswissenschaftliche Forschungen. 5)
ZAEHMER, ROBERT CHARLES: Evolution in religion. A study in Sri Aurobindo
and Pierre Teilhard de Chardin. London 1971
BHATTACHARYA. ABHOY CHANDRA: Sri Aurobindo and Bergson; a synthetic
study. Gynapur 1972
BRUTEAU, BEATRICE: Worthy is the world: the Hindu philosophy of Sri Au-
robindo. Rutherford 1972
MEHTA, ROHIT: The dialogue with death: Sri Aurobindós Savitri; a mystical
approach. Pondicherry 1972
MONOD-HERZEN, GABRIEL E: Lécole du libre Progrès de lAshram de Sri
Aurobindo à Pondicherry. Paris 1972
SINGH, SATYA PRAKASH: Sri Aurobindo and Whitehead on the nature of
God. Aligarh 1972
Sri Aurobindo centenary annual. Colombo 1972 f
Sri Aurobindo 1872–1972; herald and pioneer of future man, a centenary
symposium. London 1972
Sri Aurobindo Year; Centenary Calendar. Pondicherry 1972
MADHUSUDAN REDDY, V.: Values und value theories in the light of Sri Au-
robindo. Hyderabad 1973
Towards eternity; Sri Aurobindo birth centenary volume. 15. Aug. 1972.
Ed. by V. MADHUSUDAN REDDY, Hyderabad 1973
DONELLY. MORWENNA: Die Gründung des göttlichens Lebens: eine Einf. in
den Integralen Yoga von Sri Aurobindo. Bietigheim 1973

Feys, Jan: The philosophy of evolution in Sri Aurobindo and Teilhard de Chardin. Calcutta 1973

Mehta, Rohit: The miracle of dessert; reflections on Sri Aurobindós integral yoga. Pondicherry 1973

Banerji, Sanat Kumar: Sri Aurobindo and the future of man: a study in synthesis. Pondicherry 1974

Prasad, Shree Krishna: The literary critism of Sri Aurobindo, with special reference to poetry. Patna 1974

Six pillars: introductions to the major works of Sri Aurobindo. Ed. by Robert A. MacDermott. Chambersburg 1974

All India conference on the relevance of Sri Aurobindo today. Souvenir volume. Calcutta 1975

Pandit, Madhav Pundalik: Sri Aurobindo and the Mother: an introduction. Pondicherry 1975

Cenker, William: The Hindu personality in education: Tagore Gandhi, Aurobindo. Columbia 1976

Klostermann, Michael: Auroville: Stadt der Zukunftsmenschen. Frankfurt a. M. 1976

Sri Aurobindo: proceedings of a seminar. Organ. by the Asiatic Society Calcutta. Calcutta 1976 (Asiatic Society series 3)

O'Connor, June: The quest for political and spiritual liberation: a study in the thought of Sri Aurobindo. Rutherford 1977

Ockham, Joan Price: An introduction of Sri Aurobindós philosophy. Pondicherry 1977

# NAMENREGISTER

*Die kursiv gesetzten Zahlen bezeichnen die Abbildungen*

## QUELLENNACHWEIS DER ABBILDUNGEN

Sri Aurobindo International Centre of Education, Pondicherry: Umschlag-
vorderseite, Umschlagrückseite, 9, 10, 12, 13, 14, 15, 17, 23, 24, 25, 27, 29,
30, 31, 37, 45, 47, 50, 52, 55, 57, 59, 66, 69, 70, 72, 73, 75, 76 oben und
unten, 78 oben und unten, 79, 83, 84, 86, 93, 98, 102, 105, 107, 109, 117,
133, 134, 135, 137, 139, 142 / Photo Service Co., New Delhi: 6, 40 / dpa:
42, 112, 131 / Slg. Otto Wolff: 60, 115, 140 / Photo Division Ministry of
IBB: 62, 65, 67 / Photo H. Cartier-Bresson: 91, 123 / Aus: I. B. Rhine, «Die
Reichweite des menschlichen Geistes» (Stuttgart 1950): 96 / Archiv für
Kunst und Geschichte, Berlin: 101 / SV-Bilderdienst, München: 104 / Photo
Yvonne Chevalier, Paris: 141